5개월 만에 끝내는 일본 취업 준비

# 횬쌤의
# 일본어
# 핵심패턴
# 정복

5개월 만에 끝내는 일본 취업 준비

# 횬쌤의 일본어 핵심패턴 정복

**20주 완성**

김현정 지음

문예춘추사

# 이 책의 활용법

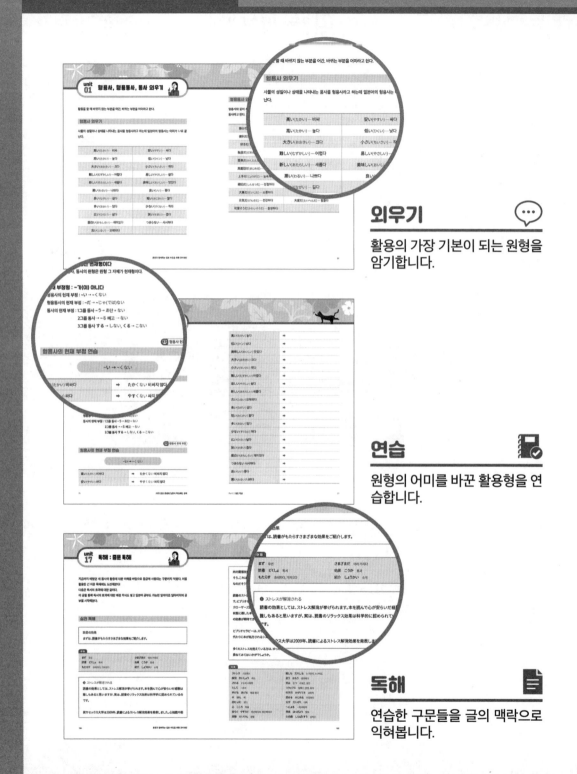

## 외우기 💬

활용의 가장 기본이 되는 원형을 암기합니다.

## 연습 📓

원형의 어미를 바꾼 활용형을 연습합니다.

## 독해 📄

연습한 구문들을 글의 맥락으로 익혀봅니다.

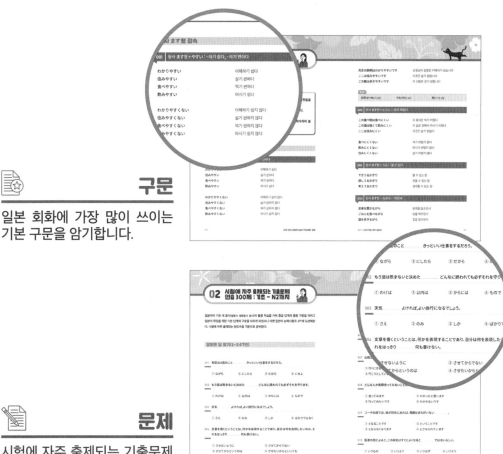

# 구문

일본 회화에 가장 많이 쓰이는
기본 구문을 암기합니다.

# 문제

시험에 자주 출제되는 기출문제
를 풀어 봅니다.

## QR코드

다음의 QR코드를 입력하시면 본 교재의 영상
강의로 이동합니다.

# CONTENTS

## ❀ Part 3 ❀ 본격 취업 코어 일본어

일본어는 한국인에게 시간 대비 공부 효과가 가장 좋은 외국어입니다. 그 학습의 효과를 극대화하기 위해서는 본격적인 공부에 앞서 일본어 학습의 기본적인 부분을 이해할 필요가 있습니다.

일본어는 한국어와 어순이 같기 때문에 독해 공부는 회화 실력으로 쉽게 연결됩니다. 독해 공부는 회화를 위한 배경 지식을 쌓아 두는 일이 됩니다. 독해와 회화 실력, 두 마리 토끼를 모두 잡을 수 있습니다.

이 교재에는 한국인에게 가장 효과적인 20년 강의 노하우의 공부 순서가 담겨 있습니다.

# part 1

# 워밍업

# 01  독해, 이렇게 공부하라

일본어로 독해 지문을 읽는다는 것은 단순히 일본어만의 공부를 뛰어넘는다. 독해 문의 학습은 문장 구조와 배경 지식 등을 동원해야 해결 가능한 종합적 사고 과정 이다. 무조건 공부를 시작하는 것이 아니라 이러한 독해 공부에도 학습 효과가 좋은 여러 방법들이 있다. 일본어 공부를 하기에 앞서 독해 공부의 중요성에 대해서도 인 지해 둘 필요가 있다.

## 독해 지문은 단문부터 시작한다

독해라고 하면 무턱대고 겁부터 내는 사람들이 많다.

하지만 독해 문제는 우리가 흔히 접하는 내용이 시험 문제로 출제된 것이다. 일상생 활에서 늘 접하는 내용이므로 편안한 마음으로 독해 지문을 대하면 된다.

독해를 처음 시작함에 있어 가벼운 마음만큼 지문의 양도 가볍게 한다. 처음부터 긴 지문으로 시작하면 지레 겁부터 먹는다. 또한 도중에 게으름을 피우게 되므로 지문 의 길이는 접하기 쉽고 가벼운 마음이 들도록 15줄 이내의 단문 독해부터 시작한다. 독해 지문에 익숙해지면 문제 푸는 시간을 재면서 문제를 푼다. 시험장에서 시간 배 분 연습을 위해서다. 처음 세 달 정도는 단문 5개 정도를 매일 풀고, 속도가 붙으면 문제의 양을 늘려 간다.

일본어 시험 중 JLPT N1(일본어능력시험 1급)에 합격을 했다는 의미는 일본 고등학생 수준의 대화가 가능하다는 말이다. 토익은 점수를 따는 것이 목표인 반면 JLPT는 자격증으로 일본어 대화 능력을 일본 문부과학성이 증명해 주는 시험이다. 따라서 외국인이 일본에서 4년제 대학에 입학하기 위해서는 이 JLPT가 요구된다.

한편 JPT는 시험 주관사가 YBM(주)으로 국내 기업에 취직하기 위해 필요한 시험이 다. JPT 독해 문제는 일상생활의 에세이 문제들이 많이 출제된다. JLPT는 필자가 의 도하는 요지 파악이 가장 중요하며 JPT는 회사에서 일어나는 상황 속 이야기들이 주로 출제된다.

혼쌤의 일본어 핵심패턴 정복

두 시험의 준비 내용이 다르다고 말하는 사람들이 있지만 결국 본질은 같다. 일본어 학습의 근본인 독해 실력만 갖추면 양쪽 시험에서 모두 좋은 결과를 낼 수 있다. 일본어를 공부하는 목적이 일본 취업과 대학 진학을 위해서라면 JLPT N1, 국내 기업 취업을 위해서라면 JPT에 응시하면 된다. 목적에 맞게 필요한 시험에 응시하면 된다.

## 다양한 소재를 다루는 교재를 선택한다

JPT는 일상의 신문기사와 소소한 에세이 등이 주로 출제가 된다. 따라서 전문적인 내용보다 일상에서 흔히 볼 수 있는 지문을 선택하는 것이 좋다. 특히 회사원들의 비즈니스 상황 내용이 주로 출제가 많이 된다.

JLPT의 경우는 에세이 등 문학 작품도 제법 많이 출제된다. 한국어의 국어 지식이 풍부하면 JLPT 독해에서 매우 용이하다. 필자의 의도 파악이 쉬워 독해 지문의 문제 풀기가 한결 수월하다. 국어의 독해력이 좋으면 JLPT 시험에서 상당히 유리하다.

우선 독해 문제 지문의 수준을 판단한다. 지문이 나와 맞는지 판단하는 방법은 보통 책의 가장 뒷면에 실려 있는 한글 해석 부분을 보면 알 수 있다. 한글 해석의 내용이 내 흥미를 끄는 내용인지도 확인해 본다. 독해 지문의 다양성도 반드시 확인한다. 아무리 시험을 위한 공부라고 해도 재미가 있어야 공부를 지속할 수 있기 때문이다. JPT 800점 이상을 목표로 하는 학습자는 시사적인 부분도 알아둘 필요가 있으며 뉴스와 연관된 내용까지 공부를 해야 한다. JLPT의 경우는 소설 등 문학 장르도 출제되기 때문에 문학 작품을 읽는 것도 도움이 된다.

## 흥미 있는 소재를 다룬 부분부터 선택한다

내용을 선정하다 보면 특히 관심이 가는 분야가 있다. 그 분야와 관련된 일본어 지문을 선정하도록 노력한다.

문법 실력이 오르면 일본어 원서에도 도전한다. 드라마 스크립트도 좋다. 일본 드라마나 만화책 등 장르와 상관없이 일본어 관련 매체들은 단어 암기와 한자 공부 그리고 독해에 도움이 된다.

드라마의 경우 시각적 효과와 상황 설정 등으로 인해 공부에 아주 효과적이다. 배우들의 연기를 보며 생동감 있는 어휘 학습이 가능하다.

단어장만으로 암기하면 그 단어가 어디에, 어떻게 쓰이는지 잘 외워지지 않는다. 드라마의 스크립트를 구하여 독해 공부를 해도 좋다. 상황 인지와 더불어 단어 표현들을 익힐 수 있기 때문이다.

그러나 드라마로 하는 공부에는 단점이 있다. 드라마의 대본 내용이 일상회화 중심으로 되어 있기 때문에 논리력이나 사고력을 기르기 힘들다. 따라서 책으로 된 독해교재와 드라마 시청 공부의 비율을 맞추어야 한다. 재미있게 공부할 수 있는 비율을 선정해서 두 가지를 병행해서 공부한다.

만화를 좋아하는 사람은 원어로 된 만화책을 구해 읽어 본다. 일본어 수업의 재미를 위해 〈도라에몽〉을 교재로 채택했던 적이 있다. 만화책은 등장인물의 대사 옆에 한자를 읽는 법(요미)이 쓰여 있고, 같은 한자가 많이 반복되어 나오기 때문에 한자 읽는 법을 자연스럽게 외울 수 있다. 20년 동안의 강의 경험에 의하면 일본 만화책을 좋아하는 학생들이 한자를 읽는 어휘 실력이 가장 뛰어났다. 흥미 있는 분야의 매체를 통해 공부하는 것은 일본어 어휘 실력 향상에 큰 도움이 된다. 흥미도가 높아져 훨씬 더 공부에 재미를 느끼기 쉽다.

가르쳤던 학생 중에 〈코난〉을 좋아하는 코난 덕후가 있었다. 〈코난〉 시리즈를 1편부터 현재까지 모두 섭렵한 학생이었다. 만화는 물론 애니메이션 그리고 캐릭터에 심취한 코난 덕후였다. 히라가나밖에 모르던 그 학생을 단숨에 JLPT 1급에서 만점을 받게 했던 경험이 있다.

자기가 좋아하는 분야의 내용에 심취하면서 시험의 문법과 어휘만 보완하면 빠르게 시험 합격도 가능하였다. 역시 좋아하는 분야의 공부는 결과에서도 매우 효율적이다.

독해 지문을 선정할 때는 자신과 너무 맞지 않는 내용은 선정하지 않는 편이 좋다. 너무 힘들게 고생하거나 억지로 하지 말아야 한다. 행복한 공부를 위해서다. 나와잘 맞는 내용의 독해 문제를 선정하여 공부의 흥미를 유지해 가는 것이 공부를 오래지속할 수 있는 비결이다.

흔쌤의 일본어 핵심패턴 정복

## 독해 지문의 글씨 크기도 중요하다

글씨가 작지 않은 보기 편한 교재를 선택한다.

공부를 할 때 얼마나 쉽게 읽고 이해할 수 있는지를 나타내는 것이 가독성이다. 가독성은 글꼴과 글꼴의 크기, 자간, 행간에 영향을 받는다. 적절한 글씨의 크기는 학습의 피로를 덜어 주며 가독성을 높인다.

시력에 상관없이 독해 지문의 글씨 크기는 중요하다. 크기는 다소 큰 감이 있는 쪽으로 선택하며 내용이 한눈에 들어오는 교재를 선택한다. 글씨가 작으면 금세 읽기가 싫어진다. 글씨의 크기가 다소 크게 느껴지는 편이 마음의 부담을 덜 수가 있다. 읽는 내내 눈이 심하게 피로하지 않아 중년이 공부하는 데에도 큰 지장을 주지 않는다. 글씨의 가독성을 고려한 교재로 눈이 편안한 공부를 하는 것은 공부에 대한 부담감을 덜고 공부에 흥미를 유지하는 데 큰 도움을 준다.

## 독해와 더불어 지식도 함께 쌓아 가는 보람을 느낀다

어학 공부는 단지 어학의 효과로만 끝나지 않는다.

어학 공부와 함께 배경 지식도 같이 늘어난다. 모국어에서 부족했던 어휘 그리고 다양한 지문 등을 접하게 된다. 글씨가 일본어로 되어 있을 뿐 내용을 이해하고 나에게 입력되는 것은 모국어인 한국어이다.

결국 일본어 실력뿐만이 아니라 내용에 관한 지식도 더불어 늘어난다. 어학 공부의 기쁨과 독서의 기쁨을 같이 누릴 수 있는 이유다. 독해 공부는 모국어 실력과도 연관성이 깊고 독서량과도 비례한다.

다양한 분야의 지문을 접하면서 필요한 정보를 습득할 수 있다. 한국어와 일본어의 어휘력이 비약적으로 함께 증가하게 된다. 공부를 계속하면 문장의 구성도 좋아지고 논리적으로 생각하는 능력도 생긴다. 이 능력은 한국어와 일본어에 상호 영향을 끼치는데 문단 파악과 필자의 의도 파악은 물론 자신의 의견 개진까지 가능하게 된다.

일본어는 한국어와 어순이 같아서 사고의 틀을 크게 바꾸지 않아도 된다. 문장을 만드는 사고의 순서가 같기 때문이다. 자연스럽게 두 언어 실력이 모두 늘어날 수밖에 없다.

시간 대비 효율의 가성비가 가장 좋은 외국어라고 말할 수 있는 가장 큰 이유이다.

## 독해한 부분을 열 번 이상 반복해서 큰 소리로 읽는다

본문을 소리 내어 끝까지 열 번 이상 읽는다.

읽고 해석한 일본어 지문을 묵독이 끝난 후에는 책을 보며 낭독한다.

소리를 내어 읽으면 그 내용이 발화가 됨으로써 내용이 몸 자체에 새겨진다. 몸에 새겨진 기억은 더 생생하게 머리에 남게 된다.

소리를 내어 읽음으로써 내가 아는 것과 모르는 것이 극명하게 구분이 되기 때문에 학습의 정확도가 높아진다.

실제로 한 연구에서 낭독하는 순간을 MRI로 촬영을 했는데 뇌의 혈액 공급이 활발해지고 뇌신경 세포의 70% 이상이 반응을 하며, 그 순간 뇌가 아주 활발하게 반응을 보인다는 사실을 밝혀냈다.

큰 소리로 여러 번 읽는 동안 해석이 되지 않던 부분이 자연스럽게 해석된다. 낭독은 메타인지기법으로 인지를 초월한 인지이다. 즉 말로 하는 공부는 내가 아는 것과 모르는 것을 명확하게 구분지어 해석상의 문제를 해결해 준다.

또한 낭독은 집중이 더 잘 되고 재미있게 느껴진다.

소리를 내는 행위는 몸 전체로 하는 운동과 같다. 성대를 울려 입으로 소리를 내고, 소리를 내기 위해 배에 힘을 주면서 생각을 하는 과정을 거친다. 낭독을 하기 위해서는 몸 전체를 사용하게 된다. 글의 내용이 머리뿐만이 아니라 몸 자체에도 새겨지게 되는 이유이다.

무언가를 외울 때 입으로 중얼거리면서 외우는 편이 더 잘 외워진다. 누구나 이런 경험이 있을 터이다. 모르는 부분도 바로 확인이 가능하다. 모르는 것은 절대 말로 발음을 할 수 없기 때문이다.

공부를 하고 24시간이 경과한 후 기억에 남는 학습량도 다르다. 듣기와 읽기 위주의 수동적 학습을 하는 경우는 학습량의 10퍼센트밖에 기억하지 못한다. 그러나 읽고 낭독하며 소리 내어 공부하는 경우는 학습량의 90퍼센트를 기억한다. 반복해서 소리를 내어 읽다 보면 자연스럽게 일본어 표현들이 외워지는데 그 표현들은 자신도 모르게 말하거나 청해 영역에서 큰 도움을 준다.

낭독의 속도가 빨라지면 빠른 속도 덕분에 내용에 한층 집중하게 된다. 이해력이 빠르게 높아지며 내용의 기억량 또한 높아진다. 학습에서 낭독은 여러모로 중요한 공부법이다.

## 장문을 두려워하지 마라

장문도 단문 몇 개의 결합일 뿐이다.

문장의 양이 많으면 지레 포기부터 하는 경우가 있다. 얼핏 어렵게 보이지만 자세히 들여다보면 여러 개의 문장이 모인 것일 뿐이다. 장문에 대한 거부감과 두려움을 버려야 한다. 필자가 말하고자 하는 핵심적인 내용만 찾는다는 생각으로 독해에 임한다.

독해 문제를 풀기 전에 다음의 작업이 필요하다.

단락이 시작되는 맨 앞 한 칸을 빨간색으로 표시한다. 장문의 부담감을 덜어낼 수 있는 작업이다. 거듭 강조하지만 장문은 단문 몇 개의 결합일 뿐이다.

그러나 이 말은 독해 지문 전체를 보지 말라는 뜻은 아니다. 각각의 단락 속에서 필자의 의도가 담긴 부분에는 빨간 동그라미로 표시를 한다. 각 단락의 메인 아이디어가 어떤 하나의 생각으로 수렴되는지를 파악하기 위해서다.

이렇게 단락의 수를 세고 각 단락의 핵심어에 표시를 함으로써 전체 글의 나무와 숲을 볼 수 있다. 글에 대한 부담감은 덜고 독해 지문 전체를 볼 수 있는 균형적 안목을 기를 수 있다.

처음부터 숲과 나무를 동시에 볼 수 있는 공부습관을 들여 나가는 것이 좋다. 이러한 습관이 몸에 익숙해지면 읽고 또 읽는 반복의 과정을 줄일 수 있고 시험 시간 관리에도 큰 도움이 된다. 어떤 독해 문제를 대하더라도 이러한 마음가짐과 습관을 가지고 대하면 훨씬 수월하게 해결할 수 있다.

## 전체 글을 중간에 끊지 말고 끝까지 읽는다

모르는 내용이 나와도 읽기를 중간에 그만두지 말고 끝까지 읽는다.

중간에 모르는 어휘가 나왔다고 멈추거나 내용 파악을 뒤로 미루지 않는다. 글을 도

중에 멈추면 내용의 연결이 끊어져 글 전체의 흐름을 파악하기 힘들어진다. 모르는 내용이 나와도 독해의 지문을 중간에 끊지 말고 끝까지 읽는 연습을 한다. 그래야 필자가 말하고자 하는 전체 맥락을 파악할 수 있다.

또한 질문이 요구하는 내용에 맞는 답도 금방 찾을 수가 있다. 읽다 멈추기를 반복하면 전체의 흐름을 파악하기 어렵다. 나무만 보고 숲을 보기 힘들기 때문이다.

처음부터 끝까지 읽는 과정을 여러 번 반복하는 과정 속에서 글이 의미하는 내용이 자연스럽게 머리에 그려진다. 사전을 찾기 전에 전후 맥락만 보고 모르는 단어와 문법을 추론하고 의미와 전체 요지를 충분히 생각해 본다. 전체 글 속에서 단어가 갖는 의미를 반드시 찾아본다.

수업을 준비할 때 이런 똑같은 과정을 밟고 있다. 강의를 하기 위해서는 내용의 전체가 어떻게 구조화 되어 있는지 알아야 한다. 어떤 질문들을 학생들에게 던질지 미리 생각해야 하기 때문이다.

우선 처음부터 끝까지 보통 열 번 이상을 읽는다. 그 후 단어를 찾고 문법을 적으며 단락의 핵심 내용에 동그라미를 친다. 그리고 동그라미를 친 내용들을 연결한다. 필자가 주장하는 바를 하나의 생각으로 정리한 후 학생들에게 할 좋은 질문들을 만든다.

이러한 과정을 거쳐야 좋은 질문들을 만들 수 있고 글의 전체 맥락이 한눈에 들어온다. 수업을 보다 알차게 진행할 수 있다. 난이도가 있는 독해 지문의 수업을 해야 할 때는 들고 다니면서 묵독과 낭독을 반복하고 지문을 백 번 이상 읽는 경우도 많다.

이렇게 공부를 하면 단어 암기가 잘 되고 문맥 파악도 수월하다. 기억의 지속도 좋다. 학습의 방법이라는 것은 결국 '해보고 나니 정말 좋았다'고 느낀 나의 학습법이다. 20년 동안 학생들을 가르치고 실력도 증진시킬 수 있는 방법을 연구하다 체득하게 된 비결이다.

이렇게 독해 지문을 학생들에게 공부하게 하고 스스로도 실천하는 동안 탄탄한 실력을 갖추게 되었다.


## 독해한 한글 문장을 보며 일본어로 작문연습을 한다

공부한 독해 지문의 해석을 노트에 한글로 적어 본다. 직접 해석한 것도 좋고 답안지 필사도 괜찮다. 그 다음 한글 해석만 보면서 지문을 일본어로 완성시키는 것이다. 처음에는 이 과정이 정말 어려울 수 있다. 분명히 몇 번 읽은 지문인데 문장을 완성하기 힘들고 한자도 잘 기억이 나지 않을 수 있다.

수업 때 독해 지문이 끝나면 학생들에게 한글로 해석한 부분을 읽어 준다. 그리고 바로 그 자리에서 배운 지문의 동시통역을 하도록 시킨다. 한국어와 일본어의 어순이 같다는 점은 이 학습법이 특히 빛을 발하는 순간이다. 문장을 끊어서 불러 주는 것이 가능하다. 또한 중간까지 긴 문장을 짧게 몇 개로 나누어 작문 연습이 가능하다. 이 과정을 많이 경험한 학생들은 회화 말하기 능력과 독해 실력 모두가 눈에 띄게 향상되었다. 또한 문장 구조의 연습이 꼼꼼하게 진행되기 때문에 청해 문제를 풀 때도 정답의 확률이 높아졌다.

수업의 경우는 독해 지문 해석이 끝난 글은 한국어 해석을 녹음하여 학생들에게 제공한다. 집에서 복습을 가능하게 하기 위함이다. 공부한 지문의 해석을 녹음한 부분을 틀고 그 문장을 들은 후 직접 일본어로 만드는 연습을 하도록 하는 것이다. 이 학습법도 눈에 띄게 문장을 만드는 실력이 좋아지는 사실을 알 수 있었다. 독해로 된 글이 처음엔 단지 독해 글씨이지만 이런 연습들을 통해서 독해는 다른 영역으로 파급된다. 독해 실력은 물론 말하기 연습 그리고 청해까지 준비하는 과정이 된다. 일거양득, 아니 일거삼득의 효과를 누릴 수 있는 학습법이라고 20년 강의를 통해 자신 있게 말할 수 있다.

## 독해 문제를 풀 때 유용한 간단 활용법

a. 모르는 단어는 바로 읽는 법을 달지 말고 빨간 줄만 긋고 읽는다. 모르는 단어를 포스트잇에 적어 해당 페이지에 붙여 둔다. 포스트잇은 나중에 노트에 붙이거나 새로 옮겨 적는다.

b. 독해 부분에서 필자가 말하고자 하는 핵심 내용에 동그라미를 친다.

c. しかし, かならず와 같이 내용이 전환되는 부분은 동그라미를 치면서 읽는다.

d. 단어나 문장을 단순 문자로 기억하지 말고 이미지로 저장한다.

독해 문장을 읽으면서 문장의 내용들을 머릿속으로 연상한다. 현재 외우고 있는 공부 상황 그리고 교재의 페이지 등을 느낀 이미지로 기억한다. 이해가 쉽고 글의 맥락이 생기고 이미지화가 잘 되며 기억이 오래가는 장점이 있다.

## 말하기도 독해력이다 _ 내용 없는 말하기는 의미 없다

흔히 독해나 문법을 따분한 영역으로 인식한다. 어학을 잘하고 싶다고 하면서 회화를 잘하고 싶다고 하는 사람들이 많다. 하지만 회화를 잘한다는 것은 그만큼 내용에 관해서 잘 알고 있어야 한다. 그 내용에 관한 지식이 구조화 되어 있어야 함을 의미한다.

회화를 잘하려면 우선 대화의 내용에 관한 깊은 이해가 필요하다. 말을 하기 위한 대화의 내용을 잘 안다는 것은 결국 그 내용에 관한 지식이 필요하다는 말이다. 때문에 결국 말하기도 독해와 문법으로 귀결될 수밖에 없다.

일본어 말하기 시험인 SJPT에 응시한 적이 있는 학생들은 무슨 말인지 바로 알 수 있을 것이다. 즉 '알아야 말할 수 있다.'라는 말이다. 쉽고 단순한 이야기만 하면 자격증 등급에서 고득점을 기대하기 힘들다. 좋은 표현과 고급 표현은 문법과 어휘가 어우러져야 발화된다. 이것이 독해 공부가 함께 수반되지 않으면 안 되는 이유다. 결국 내가 알고 있는 지식의 범위 내에서밖에 발화하지 못하기 때문이다. 다양한 분야의 독해는 말하기의 내용을 풍부하게 하여 회화능력을 배가시킨다.

무엇이든 의미 없는 말하기가 아닌 깊이 있는 대화가 필요하다. 어떤 화제에 관해 토론을 하며 자신의 의견까지 개진하기 위해서는 독해 실력이 필수이다. 즉 수준 있는 말하기 실력을 위해서는 독해 공부가 반드시 수반되어야 한다.

## 이해 없는 청해 연습은 의미 없다

과학적으로도 독서와 청각은 밀접한 관련이 있다. 아동도서 전문가인 매리언 울프는 청각에 문제가 있는 아이들이 독서 능력에 훨씬 많은 문제를 보인다고 한다. 이와 비슷한 연구 결과는 다수 존재한다.

30년간 음악 교육과 학습 관계를 연구해 온 청각신경 학자 나나 크라우스는 소리를 해석하는 능력이 좋을수록 언어를 이해하는 능력도 높아진다는 사실을 알아냈다. 이것은 청각 능력이 독서 능력, 외국어 능력, 언어 능력 나아가 인지 능력으로도 이

어짐을 의미한다.

청해 지문이라고 해도 독해 문제를 귀로 듣는 것일 뿐 독해력을 근간으로 하고 있다. 마냥 듣기만 한다고 해서 내용이 정리되어질 리 만무하다. 차분히 지문에 관해 단어도 정리하고 문법과 의미 그리고 필자가 의도하는 바를 알아내는 과정이 필요하다.

즉 정확한 내용의 이해 없이는 이야기의 내용을 귀로 들어도 이해가 되지 않는다. 청해도 독해의 다른 방법론적 측면이라고 이야기할 수 있다. 왜냐하면 알아야 들리고 알지 못하는 것은 들리지 않기 때문이다.

# 02 문법, 이렇게 공부하라

외국어 학습에서 '문법'이라는 말을 듣는 순간부터 거부감을 갖는 경우가 많다. 하지만 일본어는 다른 언어와 달리 한국어와 어순이 같다. 또한 어미 활용이 계단식이기 때문에 한국인에게 가장 시간대비 학습 효율이 높은 언어이다.

## 한국어와 일본어는 어순이 같다

한국어와 일본어는 같은 언어 계통으로 어순이 같다. 따라서 한국어를 매개로 공부하는 학습자들은 다른 모국어 학습자들보다 학습의 효율이 높다.

## 일본어 활용은 계단식이다

일본어의 서술어는 형용사, 형용동사, 동사 세 가지이다.
이 서술어가 활용을 통해 의미의 변화를 가져온다. 일본어는 이 어미 부분의 활용이 계단식으로 되어 있기 때문에 문법 사항만 정확히 인지하면 해석을 하는데 무리가 없다.

| 예시 | |
|---|---|
| 배우다 : 習う | 배우지 않다 : 習わない |
| 배우지 않았다 : 習わなかった | 배우지 않았습니다 : 習わなかったです |
| 배우고 있다 : 習っている | 배우고 있습니다 : 習っています |
| 배우고 있지 않다 : 習っていない | 배우고 있지 않습니다 : 習っていないです |
| 배우고 있지 않게 되다 : | 배우고 있지 않게 되었습니다 : |
| 習っていなくなる | 習っていなくなりました |

# 일본어 문장을 이루는 품사는 열 가지

명사, い형용사와 형용동사, 동사, 조동사, 조사, 접속사, 부사, 연체사, 감동사, 경어이다.

## ❀ 명사

명사는 한국어와 똑같이 사람이나 물건, 개념 등을 지칭하는 품사로 문장의 주체가 된다. 명사의 쓰임은 크게 두 가지인데 첫 번째로 뒤에 조사가 붙어 주어와 목적어의 역할을 한다. '나를', '나는'과 같이 명사 뒤에 조사가 바로 붙는 경우이다.

다음은 명사 앞에 동사나 형용사 등의 명사를 수식하는 품사가 온다. 이것을 연체형, 즉 명사에 연결되어 있는 형태라고 하여 '연체형'이라고 한다. 명사를 수식하는 형태이다.

## ❀ い형용사와 형용동사

사물이나 사람의 성질, 인상, 감각 등을 표현하는 품사를 말한다.

어미의 모양에 따라 어미가 い로 끝나면 い형용사, 어미가 だ로 끝나면 な형용사 또는 だ형용사라고 한다. 두 형용사의 기능은 같으며 な형용사는 명사와 같은 활용을 취한다.

## ❀ 동사

동사는 사람 또는 사물의 동작, 존재, 작용 등을 나타내는 품사로 어간에 변하는 말이 붙어서 문장의 성격이 달라진다. 일본어에서 동사의 기본 활용은 일곱 가지이다.

## ❀ 조동사

동사를 돕는 품사이다. 동사를 도와 여러 의미를 더 다양하게 표현할 수 있는 기능을 하는 품사를 말한다. '~되어진다'의 수동형이나 '~하게 한다'의 사역형 등이 있다.

## ✿ 조사

영어에는 전치사가 있지만 한국어와 일본어에는 조사가 있다.

조사는 단어 뒤에 붙어서 그 어휘를 특정 요소로 만들어 주거나 의미를 부여해 주는 기능을 한다.

## ✿ 접속사

문장과 문장, 단어와 단어를 연결하는 역할을 하는 품사를 말한다. 두 문장의 관계에 따라 순접, 역접, 원인, 결과 등의 종류로 나뉜다.

그러나―しかし, 그런데―それで, 그리고―そして 혹은 または 등이 있다.

## ✿ 부사

부사는 동사와 형용사를 수식하여 상태, 모양 등의 정도나 기분을 표현할 수 있도록 하는 품사이다.

예를 들어 매우―とても, 많이―たくさん, 너무―あまり, 조금―すこし, 반드시―かならず 등의 어휘가 존재한다.

## ✿ 연체사

연체사는 체언(명사, 대명사, 수사)만을 수식하는 것으로 あらゆる(온갖, 모두), あの(저) 등이 있다.

## ✿ 감동사

감동사(감탄사)는 화자의 놀람, 기쁨, 슬픔, 실망 등의 감정을 나타내는 문장으로 まあ(어머나), おやおや(저런 저런) 등이 있다.

## ✿ 경어

일본어는 한국어와 같이 손윗사람에 대한 특별한 예의를 지키는 말이 있다. 상대를 높이는 존경어와 상대적으로 나를 낮추어 상대를 올리는 겸양어가 존재한다.

이 부분도 우리나라와 정서적 감정이 동일한 부분이 많아 다른 나라 외국인들 보다 학습이 용이하다.

## 일본 취업과 대학 입학이 가능한 레벨은?

일본 전문대학 2년제 학과 입학이 가능한 레벨은 일본어 능력시험 JIPT N2, JPT 650점 정도이다. 일본 유학을 위해 준비해야 하는 기본이 되는 레벨이다. 이를 위해 가장 필요한 부분은 일본어 문법 구문의 암기로 N2레벨은 180개다. 또한 일본 4년제 대학 입학을 위해서는 JIPT N1의 120개의 구문 암기가 필요하다.

일본 취업을 위해서도 능력시험 N2 이상의 합격증은 필수로 요구된다.

## 일본어의 언어 감성은 간접화법

한국어는 직접화법이고 일본어는 간접화법이다. 일본인은 상대방에게 피해를 주는 일을 극도로 피하는 감성이 있다. 또한 예의를 중시하는 정서적 감정을 갖고 있다. 직접적으로 상대방에게 자신의 요구를 한다거나 의견을 강하게 표현하기보다 우회적으로 표현한다. 따라서 일본어는 수동표현이 많다.

# 03 일본어 기본 문자 : 히라가나와 가타카나 암기(50음도)

## 한국인에게 가장 적합한 일본어 공부 순서

🔲 히라가나 あ~な

## 히라가나ひらがな : 일상어

| あ<br>a | い<br>i | う<br>u | え<br>e | お<br>o |
|---|---|---|---|---|
| か<br>ka | き<br>ki | く<br>ku | け<br>ke | こ<br>ko |
| さ<br>sa | し<br>si | す<br>su | せ<br>se | そ<br>so |
| た<br>ta | ち<br>chi | つ<br>tsu | て<br>te | と<br>to |
| な<br>na | に<br>ni | ぬ<br>nu | ね<br>ne | の<br>no |
| は<br>ha | ひ<br>hi | ふ<br>hu | へ<br>he | ほ<br>ho |
| ま<br>ma | み<br>mi | む<br>mu | め<br>me | も<br>mo |
| や<br>ya | | ゆ<br>yu | | よ<br>yo |
| ら<br>ra | り<br>ri | る<br>ru | れ<br>re | ろ<br>ro |
| わ<br>wa | | | | を<br>wo |
| ん<br>ŋ | | | | |

혼쌤의 일본어 핵심패턴 정복

## 가타카나カタカナ : 외래어와 강조 표기

| ア | イ | ウ | エ | オ |
|---|---|---|---|---|
| a | i | u | e | o |
| カ | キ | ク | ケ | コ |
| ka | ki | ku | ke | ko |
| サ | シ | ス | セ | ソ |
| sa | si | su | se | so |
| タ | チ | ツ | テ | ト |
| ta | chi | tsu | te | to |
| ナ | ニ | ヌ | ネ | ノ |
| na | ni | nu | ne | no |
| ハ | ヒ | フ | ヘ | ホ |
| ha | hi | hu | he | ho |
| マ | ミ | ム | メ | モ |
| ma | mi | mu | me | mo |
| ヤ | | ユ | | ヨ |
| ya | | yu | | yo |
| ラ | リ | ル | レ | ロ |
| ra | ri | ru | re | ro |
| ワ | | | | ヲ |
| wa | | | | wo |
| ン | | | | |
| ŋ | | | | |

히라가나 は~ん

# 히라가나 연습

| あ | い | う | え | お |
|---|---|---|---|---|
| か | き | く | け | こ |
| さ | し | す | せ | そ |
| た | ち | つ | て | と |
| な | に | ぬ | ね | の |
| は | ひ | ふ | へ | ほ |
| ま | み | む | め | も |
| や |  | ゆ |  | よ |
| ら | り | る | れ | ろ |
| わ |  |  |  | を |
| ん |  |  |  |  |

| あ | い | う | え | お |
|---|---|---|---|---|
| か | き | く | け | こ |
| さ | し | す | せ | そ |
| た | ち | つ | て | と |
| な | に | ぬ | ね | の |
| は | ひ | ふ | へ | ほ |
| ま | み | む | め | も |
| や |  | ゆ |  | よ |
| ら | り | る | れ | ろ |
| わ |  |  |  | を |
| ん |  |  |  |  |

따라 써 보세요!

## 가타카나 연습

| ア | イ | ウ | エ | オ |
|---|---|---|---|---|
| カ | キ | ク | ケ | コ |
| サ | シ | ス | セ | ソ |
| タ | チ | ツ | テ | ト |
| ナ | ニ | ヌ | ネ | ノ |
| ハ | ヒ | フ | ヘ | ホ |
| マ | ミ | ム | メ | モ |
| ヤ |  | ユ |  | ヨ |
| ラ | リ | ル | レ | ロ |
| ワ |  |  |  | ヲ |
| ン |  |  |  |  |

| ア | イ | ウ | エ | オ |
|---|---|---|---|---|
| カ | キ | ク | ケ | コ |
| サ | シ | ス | セ | ソ |
| タ | チ | ツ | テ | ト |
| ナ | ニ | ヌ | ネ | ノ |
| ハ | ヒ | フ | ヘ | ホ |
| マ | ミ | ム | メ | モ |
| ヤ |  | ユ |  | ヨ |
| ラ | リ | ル | レ | ロ |
| ワ |  |  |  | ヲ |
| ン |  |  |  |  |

학습 의욕이 가장 높은 학습 초기에 일본어의 가장 중요한 문법 사항인 형용사, 형용동사, 동사를 외웁니다. 일본어는 동사, 형용사의 어미 활용에 대한 이해가 무엇보다 중요합니다. 따라서 학습의 순서가 매우 중요한 요소입니다. 기존의 명사부터 공부하는 학습의 틀을 벗어나 학습 초기에 가장 중요한 비중이 있는 어미 활용 부분부터 학습해 가는 것이 좋습니다. 이것이 일본어 공부를 장기적으로 즐겁게 해 갈 수 있는 비결입니다.

동영상 강의 시청하기

い형용사　　형용동사　　1그룹 동사　　동사 종류　　동사 구별

형용사 현재 부정　　형용동사 부정　　형용사 과거　　형용사 총복습　　형용사です

part 2

# 실전 학습

# unit 01 형용사, 형용동사, 동사 외우기

활용을 할 때 바뀌지 않는 부분을 어간, 바뀌는 부분을 어미라고 한다.

## 형용사 외우기

사물의 성질이나 상태를 나타내는 품사를 형용사라고 하는데 일본어의 형용사는 어미가 い로 끝난다.

| | |
|---|---|
| 高い(たかい) ― 비싸다 | 安い(やすい) ― 싸다 |
| 高い(たかい) ― 높다 | 低い(ひくい) ― 낮다 |
| 大きい(おおきい) ― 크다 | 小さい(ちいさい) ― 작다 |
| 難しい(むずかしい) ― 어렵다 | 易しい(やさしい) ― 쉽다 |
| 新しい(あたらしい) ― 새롭다 | 美味しい(おいしい) ― 맛있다 |
| 悪い(わるい) ― 나쁘다 | 良い(いい) ― 좋다 |
| 長い(ながい) ― 길다 | 短い(みじかい) ― 짧다 |
| 多い(おおい) ― 많다 | 少ない(すくない) ― 적다 |
| 広い(ひろい) ― 넓다 | 狭い(せまい) ― 좁다 |
| 面白い(おもしろい) ― 재미있다 | つまらない ― 시시하다 |
| 古い(ふるい) ― 오래되다 | |

# 형용동사 외우기

형용사와 같이 사물의 성질이나 상태를 나타내는 기능을 하지만 어미가 だ로 끝나는 품사를 형용동사(な형용사)라고 한다.

| | |
|---|---|
| 静かだ(しずかだ) — 조용하다 | 綺麗だ(きれいだ) — 예쁘다 |
| 便利だ(べんりだ) — 편리하다 | 不便だ(ふべんだ) — 불편하다 |
| 好きだ(すきだ) — 좋아하다 | 嫌いだ(きらいだ) — 싫어하다 |
| 駄目だ(だめだ) — 안 된다(금지) | 大丈夫だ(だいじょうぶだ) — 괜찮다 |
| 簡単だ(かんたんだ) — 간단하다 | 複雑だ(ふくざつだ) — 복잡하다 |
| 真面目だ(まじめだ) — 성실하다 | 心配だ(しんぱいだ) — 걱정이다 |
| 上手だ(じょうずだ) — 능숙하다 | 下手だ(へただ) — 미숙하다 |
| 親切だ(しんせつだ) — 친절하다 | 不親切だ(ふしんせつだ) — 불친절하다 |
| 大事だ(だいじだ) — 중요하다 | 暇だ(ひまだ) — 한가하다 |
| 元気だ(げんきだ) — 건강하다 | 大変だ(たいへんだ) — 힘들다 |
| 可愛そうだ(かわいそうだ) — 불쌍하다 | |

## 동사 외우기

사물의 동작이나 작용을 나타내는 품사를 동사라고 하는데 동사의 모든 어미는 う단 (う く(ぐ) す つ ぬ ぶ む る) 으로 끝난다.

┌─────────────────────────────────────────┐
**POINT**

Q 동사 종류 알기! 동사의 종류를 왜 알아야 하나요?

A 동사는 동사의 종류(3개)에 따라 활용이 달라지기 때문입니다.

**동사의 종류** 1그룹 동사, 2그룹 동사, 3그룹 동사
└─────────────────────────────────────────┘

### ❋ 1그룹 동사(5단 동사)

1그룹 동사의 어미는 う く(ぐ) す つ ぬ ぶ む る 즉 う단으로 끝난다.

| あ | い | う | え | お |
|---|---|---|---|---|
| か | き | く | け | こ |
| さ | し | す | せ | そ |
| た | ち | つ | て | と |
| な | に | ぬ | ね | の |
| は | ひ | ふ | へ | ほ |
| ま | み | む | め | も |
| や |  | ゆ |  | よ |
| ら | り | る | れ | ろ |
| わ |  |  |  | を |
| ん |  |  |  |  |

동사 종류

| | |
|---|---|
| 買う(かう) — 사다 | 習う(ならう) — 배우다 |
| 会う(あう) — 만나다 | 言う(いう) — 말하다 |
| 使う(つかう) — 사용하다 | 貰う(もらう) — 받다 |
| 立つ(たつ) — 서다 | 待つ(まつ) — 기다리다 |
| 持つ(もつ) — 가지다, 들다 | 売る(うる) — 팔다 |
| 分かる(わかる) — 이해하다 | 有る(ある) — (물건)있다 |
| 降る(ふる) — 내리다 | 乗る(のる) — 타다 |
| 始まる(はじまる) — 시작하다 | 掛る(かかる) — 걸리다 |
| 死ぬ(しぬ) — 죽다 | 飲む(のむ) — 마시다 |
| 選ぶ(えらぶ) — 선택하다 | 書く(かく) — 쓰다 |
| 聞く(きく) — 듣다 | 急ぐ(いそぐ) — 서두르다 |
| 行く(いく) — 가다 | 歩く(あるく) — 걷다 |
| 成る(なる) — 되다 | 話す(はなす) — 이야기하다 |
| 泳ぐ(およぐ) — 헤엄치다, 수영하다 | |

## CHECK

る의 앞이 あ, う, お단 — 5단(1그룹)
る의 앞이 い, え단 — 상·하일단(2그룹)

```
        ら
   り ------- 2그룹
        る
   れ ------- 2그룹
        ろ
```

즉,
1그룹 동사는
る 앞의 음이 あかさたなはまら
　　　　　うくすつぬふむ
　　　　　おこそとのほもろ
2그룹 동사는
る 앞의 음이 いきしちにひみり
　　　　　えけせてねへめれ 이다.

## 🌸 2그룹 동사(상·하일단 동사)

2그룹 동사의 어미는 る로만 끝난다. (る 앞의 음이 い와 え단)

| | |
|---|---|
| 見る(みる) ─ 보다 | 食べる(たべる) ─ 먹다 |
| 出る(でる) ─ 나가다 | 着る(きる) ─ 입다 |
| 起きる(おきる) ─ 일어나다 | 寝る(ねる) ─ 자다 |
| 降りる(おりる) ─ 내리다 | 出かける(でかける) ─ 외출하다 |
| いる ─ (사람)있다 | かける ─ (전화)걸다 |
| 出来る(できる) ─ 가능하다 | 教える(おしえる) ─ 가르치다 |
| 覚える(おぼえる) ─ 외우다, 기억하다 | 忘れる(わすれる) ─ 잊다 |
| 閉じる(とじる) ─ 닫다 | 開ける(あける) ─ 열다 |
| あげる ─ 주다 | 答える(こたえる) ─ 대답하다 |
| 勤める(つとめる) ─ 근무하다 | 訪ねる(たずねる) ─ 방문하다 |
| 止める(やめる) ─ 그만두다 | 続ける(つづける) ─ 계속하다 |

🔲 동사 구별

### 동사구별연습

1그룹 동사는 1, 2그룹 동사는 2를 적는다.

| でかける _____ | たべる _____ | わかる _____ |
|---|---|---|
| 教える _____ | ある _____ | きる _____ |
| かける _____ | ふる _____ | みる _____ |
| やめる _____ | 覚える _____ | つとめる _____ |
| でる _____ | 起きる _____ | |

# ❀ 3그룹 동사

する와 くる

- 불규칙 동사는 する(하다)와 くる(来る-오다) 두 개.
- 앞의 어미도 바뀌기 때문에 불규칙 동사라고 한다.
- 문법 형태가 규칙성을 갖지 않기 때문에 두 동사의 활용형은 무조건 암기해야 한다.

# unit 02 중요 품사별 시제 구문 연습

- 각 나라의 언어에는 과거, 현재, 미래 시제가 존재한다. 일본어의 시제는 현재형과 과거형이 있
  으며 미래형은 따로 있지 않고 현재형이 미래형도 대신한다.
  예로 いきます는 문맥에 따라 현재형의 '갑니다'와 미래형의 '가겠습니다'로도 해석 가능하다.
- 시제의 가장 기본이 되는 현재형에서 현재 부정형 그리고 과거형과 과거 부정형을 익힌다.

## 형용사, 형용동사, 동사의 현재형

### ❀ 현재형(~다) : 원형은 현재형이다
형용사, 형용동사, 동사의 원형은 원형 자체가 현재형이다.

### ❀ 현재 부정형 : ~가(이) 아니다
형용사의 현재 부정 : ~い → ~くない

형용동사의 현재 부정 : ~だ → ~じゃ(では)ない

동사의 현재 부정 : 1그룹 동사 ~う→ あ단 + ない

　　　　　　　 2그룹 동사 → ~る 빼고 → ない

　　　　　　　 3그룹 동사 する → しない, くる → こない

🖥 형용사 현재 부정

## 형용사의 현재 부정 연습

### ~い → ~くない

| 高い(たかい) 비싸다 | ➡ | たかくない 비싸지 않다 |
|---|---|---|
| 安い(やすい) 싸다 | ➡ | やすくない 싸지 않다 |

| | | |
|---|---|---|
| 高い(たかい) 높다 | ➡ | |
| 低い(ひくい) 낮다 | ➡ | |
| 美味しい(おいしい) 맛있다 | ➡ | |
| 大きい(おおきい) 크다 | ➡ | |
| 小さい(ちいさい) 작다 | ➡ | |
| 難しい(むずかしい) 어렵다 | ➡ | |
| 易しい(やさしい) 쉽다 | ➡ | |
| 新しい(あたらしい) 새롭다 | ➡ | |
| 古い(ふるい) 오래되다 | ➡ | |
| 長い(ながい) 길다 | ➡ | |
| 短い(みじかい) 짧다 | ➡ | |
| 多い(おおい) 많다 | ➡ | |
| 少ない(すくない) 적다 | ➡ | |
| 広い(ひろい) 넓다 | ➡ | |
| 狭い(せまい) 좁다 | ➡ | |
| 面白い(おもしろい) 재미있다 | ➡ | |
| つまらない 시시하다 | ➡ | |
| 良い(いい) 좋다 (예외) | ➡ | よくない 좋지 않다 |
| 悪い(わるい) 나쁘다 | ➡ | |

## 형용동사의 현재 부정 연습

~だ → ~じゃ(では)ない

| | | |
|---|---|---|
| 静かだ(しずかだ) 조용하다 | ➡ | しずかじゃない 조용하지 않다 |
| 綺麗だ(きれいだ) 예쁘다 | ➡ | きれいじゃない 예쁘지 않다 |
| 便利だ(べんりだ) 편리하다 | ➡ | |
| 不便だ(ふべんだ) 불편하다 | ➡ | |
| 好きだ(すきだ) 좋아하다 | ➡ | |
| 嫌いだ(きらいだ) 싫어하다 | ➡ | |
| 大事だ(だいじだ) 소중하다 | ➡ | |
| 大丈夫だ(だいじょうぶだ) 괜찮다 | ➡ | |
| 簡単だ(かんたんだ) 간단하다 | ➡ | |
| 複雑だ(ふくざつだ) 복잡하다 | ➡ | |
| 真面目だ(まじめだ) 성실하다 | ➡ | |
| 心配だ(しんぱいだ) 걱정이다 | ➡ | |
| 駄目だ(だめだ) 안 된다(금지) | ➡ | |
| 上手だ(じょうずだ) 능숙하다 | ➡ | |
| 下手だ(へただ) 미숙하다 | ➡ | |
| 暇だ(ひまだ) 한가하다 | ➡ | |
| 親切だ(しんせつだ) 친절하다 | ➡ | |
| 元気だ(げんきだ) 건강하다 | ➡ | |

| 大変だ(たいへんだ) 힘들다 | ➡ |
|---|---|
| 可愛そうだ(かわいそうだ) 불쌍하다 | ➡ |

## 동사의 현재 부정 연습

동사 종류별로 활용형이 있다.

### ❀ 1그룹 동사(5단 동사)

1그룹 동사의 어미는 う く(ぐ) す つ ぬ ぶ む る, 즉 う단으로 끝난다.

> あ단 + ない(う만 예외 → ~わない)

| 立つ(たつ) 서다 | ➡ | たたない 서지 않다 |
|---|---|---|
| 買う(かう) 사다 | ➡ | かわない 사지 않다 |
| 習う(ならう) 배우다 | ➡ | |
| 会う(あう) 만나다 | ➡ | |
| 言う(いう) 말하다 | ➡ | |
| 使う(つかう) 사용하다 | ➡ | |
| 待つ(まつ) 기다리다 | ➡ | |
| 持つ(もつ) 가지다 | ➡ | |
| 売る(うる) 팔다 | ➡ | |
| わかる 이해하다 | ➡ | |
| 有る(ある) (물건)있다 | ➡ | |

| | |
|---|---|
| 降る(ふる) 내리다 | ➡ |
| 乗る(のる) 타다 | ➡ |
| 始まる(はじまる) 시작하다 | ➡ |
| かかる 걸리다 | ➡ |
| 死ぬ(しぬ) 죽다 | ➡ |
| 飲む(のむ) 마시다 | ➡ |
| 選ぶ(えらぶ) 선택하다 | ➡ |
| 書く(かく) 쓰다 | ➡ |
| 聞く(きく) 듣다 | ➡ |
| 急ぐ(いそぐ) 서두르다 | ➡ |
| 行く(いく) 가다 | ➡ |
| もらう 받다 | ➡ |
| 歩く(あるく) 걷다 | ➡ |
| なる 되다 | ➡ |
| 話す(はなす) 이야기하다 | ➡ |
| 泳ぐ(およぐ) 수영하다 | ➡ |

혼쌤의 일본어 핵심패턴 정복

## 🌸 2그룹 동사

る 빼고 ない

| | | |
|---|---|---|
| 見る(みる) 보다 | ➡ | みない 보지 않다 |
| 食べる(たべる) 먹다 | ➡ | たべない 먹지 않다 |
| 出かける(でかける) 외출하다 | ➡ | |
| 出る(でる) 나가다 | ➡ | |
| 着る(きる) 입다 | ➡ | |
| 起きる(おきる) 일어나다 | ➡ | |
| 降りる(おりる) 내리다 | ➡ | |
| 寝る(ねる) 자다 | ➡ | |
| いる (사람)있다 | ➡ | |
| かける(전화)걸다 | ➡ | |
| できる 가능하다 | ➡ | |
| 教える(おしえる) 가르치다 | ➡ | |
| 覚える(おぼえる) 외우다, 기억하다 | ➡ | |
| 忘れる(わすれる) 잊(어버리)다 | ➡ | |
| 閉じる(とじる) 닫다 | ➡ | |
| 開ける(あける) 열다 | ➡ | |
| 訪ねる(たずねる) 방문하다 | ➡ | |
| やめる 그만두다 | ➡ | |

| あげる 주다 | ➡ |
|---|---|
| 答える(こたえる) 대답하다 | ➡ |
| 続ける(つづける) 계속하다 | ➡ |
| 勤める(つとめる) 근무하다 | ➡ |

## 🌸 3그룹 동사

する → しない 하지 않다

来る(くる) → 来ない(こない) 오지 않다

## 형용사, 형용동사, 동사의 과거형

### 🌸 과거형 : ~했다

형용사, 형용동사, 동사의 지나간 일에 대해서 이야기할 때

- 형용사의 과거형 : ~い → ~かった
- 형용동사의 과거형 : ~だ → ~だった
- 동사의 과거형 : 1그룹은 음편형 규칙 う→ 음편형 + た

        2그룹은 ~る 빼고 ~た

        3그룹은 する → した, くる → きた

🖥 형용사 과거    🖥 형용사 총복습

## 형용사의 과거형 연습

**~い → ~かった**

| 高い(たかい) 비싸다 | ➡ | たかかった 비쌌다 |
|---|---|---|
| 安い(やすい) 싸다 | ➡ | やすかった 쌌다 |

| | | |
|---|---|---|
| 高い(たかい) 높다 | ➡ | |
| 低い(ひくい) 낮다 | ➡ | |
| 美味しい(おいしい) 맛있다 | ➡ | |
| 大きい(おおきい) 크다 | ➡ | |
| 小さい(ちいさい) 작다 | ➡ | |
| 難しい(むずかしい) 어렵다 | ➡ | |
| 易しい(やさしい) 쉽다 | ➡ | |
| 新しい(あたらしい) 새롭다 | ➡ | |
| 古い(ふるい) 오래되다 | ➡ | |
| 長い(ながい) 길다 | ➡ | |
| 短い(みじかい) 짧다 | ➡ | |
| 多い(おおい) 많다 | ➡ | |
| 少ない(すくない) 적다 | ➡ | |
| 広い(ひろい) 넓다 | ➡ | |
| 狭い(せまい) 좁다 | ➡ | |
| 面白い(おもしろい) 재미있다 | ➡ | |
| つまらない 시시하다 | ➡ | |
| 良い(いい) 좋다 (예외) | ➡ | よかった 좋았다 |
| 悪い(わるい) 나쁘다 | ➡ | |

# 형용동사의 과거형 연습

## ~だ → ~だった

| | |
|---|---|
| 静かだ (しずかだ) 조용하다 | ➡ しずかだった 조용했다 |
| 綺麗だ (きれいだ) 예쁘다 | ➡ きれいだった 예뻤다 |
| 便利だ (べんりだ) 편리하다 | ➡ |
| 不便だ (ふべんだ) 불편하다 | ➡ |
| 好きだ (すきだ) 좋아하다 | ➡ |
| 嫌いだ (きらいだ) 싫어하다 | ➡ |
| 大事だ (だいじだ) 소중하다 | ➡ |
| 大丈夫だ (だいじょうぶだ) 괜찮다 | ➡ |
| 簡単だ (かんたんだ) 간단하다 | ➡ |
| 複雑だ (ふくざつだ) 복잡하다 | ➡ |
| 真面目だ (まじめだ) 성실하다 | ➡ |
| 心配だ (しんぱいだ) 걱정이다 | ➡ |
| 駄目だ (だめだ) 안 된다 (금지) | ➡ |
| 上手だ (じょうずだ) 능숙하다 | ➡ |
| 下手だ (へただ) 미숙하다 | ➡ |
| 暇だ (ひまだ) 한가하다 | ➡ |
| 親切だ (しんせつだ) 친절하다 | ➡ |
| 元気だ (げんきだ) 건강하다 | ➡ |

| 大変だ(たいへんだ) 힘들다 | ➡ | |
|---|---|---|
| 可愛そうだ(かわいそうだ) 불쌍하다 | ➡ | |

## 동사의 과거형 연습

### ❀ ~た ー 음편형 규칙 적용

일본어에는 음을 편하게 발음하기 위한 규칙이 있는데 이를 음편형이라고 한다.

동사의 과거형 시제는 어미에 따라 음편형의 규칙이 달라지기 때문에 음편형 규칙에 따라 적용하여 그 형태를 만든다.

동사의 원형과 과거형 ~た가 접속할 때는 규칙이 있다. 이를 음편형이라고 하며, 동사의 어미별로 음이 바뀌는 규칙을 적용해야 한다.

### ❀ 1그룹 동사

1그룹 동사의 어미는 다음의 규칙을 따른다.

|  | 동사의 어미 | | 변화되는 음 |
|---|---|---|---|
| 동사의 어미 변화 + た : | う つ る | ➡ | った |
| | ぬ む ぶ | ➡ | んだ(탁음) |
| | く , ぐ | ➡ | い , いた , いだ |
| | す | ➡ | した |
| | 行く | ➡ | 行った |

| 立つ(たつ) 서다 | ➡ | たった 섰다 |
|---|---|---|
| 買う(かう) 사다 | ➡ | かった 샀다 |
| 習う(ならう) 배우다 | ➡ | |
| 会う(あう) 만나다 | ➡ | |

| | |
|---|---|
| 言う(いう) 말하다 | ➡ |
| 使う(つかう) 사용하다 | ➡ |
| 待つ(まつ) 기다리다 | ➡ |
| 持つ(もつ) 가지다 | ➡ |
| 売る(うる) 팔다 | ➡ |
| わかる 이해하다 | ➡ |
| 有る(ある) (물건)있다 | ➡ |
| 降る(ふる) 내리다 | ➡ |
| 乗る(のる) 타다 | ➡ |
| 始まる(はじまる) 시작하다 | ➡ |
| かかる 걸리다 | ➡ |
| 死ぬ(しぬ) 죽다 | ➡ |
| 飲む(のむ) 마시다 | ➡ |
| 選ぶ(えらぶ) 선택하다 | ➡ |
| 書く(かく) 쓰다 | ➡ |
| 聞く(きく) 듣다 | ➡ |
| 急ぐ(いそぐ) 서두르다 | ➡ |
| 行く(いく) 가다 | ➡ |
| もらう 받다 | ➡ |
| 歩く(あるく) 걷다 | ➡ |
| なる 되다 | ➡ |

| | | |
|---|---|---|
| 話す(はなす) 이야기하다 | ➡ | |
| 泳ぐ(およぐ) 수영하다 | ➡ | |

> **EX**
>
> ### 有る(ある) (물건)있다 → 없었다 なかった
>
> ※ 존재 동사 あると는 부정형이 ない이다. 따라서 어미가 い이기 때문에 형용사 かった로 한다.
>
> ※ あると는 동사임에도 부정은 ない(형용사)이기 때문에 과거형은 かった

## ❀ 2그룹 동사

~る 빼고 ~た

| | | |
|---|---|---|
| 見る(みる) 보다 | ➡ | 見た 봤다 |
| 食べる(たべる) 먹다 | ➡ | 食べた 먹었다 |
| 出かける(でかける) 외출하다 | ➡ | |
| 出る(でる) 나가다 | ➡ | |
| 着る(きる) 입다 | ➡ | |
| 起きる(おきる) 일어나다 | ➡ | |
| 降りる(おりる) 내리다 | ➡ | |
| 寝る(ねる) 자다 | ➡ | |
| いる (사람)있다 | ➡ | |
| かける (전화)걸다 | ➡ | |

| | |
|---|---|
| できる 가능하다 | ➡ |
| 教える(おしえる) 가르치다 | ➡ |
| 覚える(おぼえる) 외우다, 기억하다 | ➡ |
| 忘れる(わすれる) 잊(어버리)다 | ➡ |
| 閉じる(とじる) 닫다 | ➡ |
| 開ける(あける) 열다 | ➡ |
| 訪ねる(たずねる) 방문하다 | ➡ |
| やめる 그만두다 | ➡ |
| あげる 주다 | ➡ |
| 答える(こたえる) 대답하다 | ➡ |
| 続ける(つづける) 계속하다 | ➡ |
| 勤める(つとめる) 근무하다 | ➡ |

## ✿ 3그룹 동사

する는 した(했다), くる는 きた(왔다)

## 형용사, 형용동사, 동사의 현재 부정과 과거 부정

## ✿ 과거 부정 : ~하지 않았다

'~했다'의 표현을 부정하는 표현은 한국어로 '~하지 않았다'이다.

형용사, 형용동사, 동사는 모두 부정형(~ない)이 되면 형용사의 형태를 취하게 되기 때문에 세 품사의 현재 부정형에 'かった'만 접속하면 된다.

## ❄ 현재 부정형 : ~가(이) 아니다

　　형용사의 과거 부정 : ~い → ~くない → ~くなかった

　　형용동사의 과거 부정 : ~だ → じゃない → ~じゃなかった

　　동사의 과거 부정 : ~う단 → あ단 + ない → あ단 + なかった

　　　　　　　　　　~る → ~なかった

　　　　　　　　　　する → しなかった, くる → こなかった

## 형용사의 현재 부정과 과거 부정 연습

### ~い → ~くない → ~くなかった

| 高い<br>(たかい) 비싸다 | ➡ | たかくない<br>비싸지 않다(현재 부정) | ➡ | たかくなかった<br>비싸지 않았다(과거 부정) |
|---|---|---|---|---|
| 安い<br>(やすい) 싸다 | ➡ | やすくない<br>싸지 않다(현재 부정) | ➡ | やすくなかった<br>싸지 않았다(과거 부정) |
| 高い<br>(たかい) 높다 | ➡ | | ➡ | |
| 低い<br>(ひくい) 낮다 | ➡ | | ➡ | |
| 美味しい<br>(おいしい) 맛있다 | ➡ | | ➡ | |
| 大きい<br>(おおきい) 크다 | ➡ | | ➡ | |
| 小さい<br>(ちいさい) 작다 | ➡ | | ➡ | |
| 難しい<br>(むずかしい) 어렵다 | ➡ | | ➡ | |

| | | |
|---|---|---|
| 易しい<br>(やさしい) 쉽다 | ➡ | ➡ |
| 新しい<br>(あたらしい) 새롭다 | ➡ | ➡ |
| 古い<br>(ふるい) 오래되다 | ➡ | ➡ |
| 長い<br>(ながい) 길다 | ➡ | ➡ |
| 短い<br>(みじかい) 짧다 | ➡ | ➡ |
| 多い<br>(おおい) 많다 | ➡ | ➡ |
| 少ない<br>(すくない) 적다 | ➡ | ➡ |
| 広い<br>(ひろい) 넓다 | ➡ | ➡ |
| 狭い<br>(せまい) 좁다 | ➡ | ➡ |
| 面白い<br>(おもしろい) 재미있다 | ➡ | ➡ |
| つまらない<br>시시하다 | ➡ | ➡ |
| 良い<br>(いい) 좋다 (예외) | ➡ よくない<br>좋지 않다(현재 부정) | ➡ よくなかった<br>좋지 않았다(과거 부정) |
| 悪い<br>(わるい) 나쁘다 | ➡ | ➡ |

혼쌤의 일본어 핵심패턴 정복

# 형용동사의 현재 부정과 과거 부정 연습

~だ → ~じゃない → ~じゃなかった

| | | |
|---|---|---|
| 静かだ<br>(しずかだ) 조용하다 | ➡ しずかじゃない<br>조용하지 않다(현재 부정) | ➡ しずかじゃなかった<br>조용하지 않았다(과거 부정) |
| 綺麗だ<br>(きれいだ) 예쁘다 | ➡ きれいじゃない<br>예쁘지 않다(현재 부정) | ➡ きれいじゃなかった<br>예쁘지 않았다(과거 부정) |
| 便利だ<br>(べんりだ) 편리하다 | ➡ | ➡ |
| 不便だ<br>(ふべんだ) 불편하다 | ➡ | ➡ |
| 好きだ<br>(すきだ) 좋아하다 | ➡ | ➡ |
| 嫌いだ<br>(きらいだ) 싫어하다 | ➡ | ➡ |
| 大事だ<br>(だいじだ) 소중하다 | ➡ | ➡ |
| 大丈夫だ<br>(だいじょうぶだ) 괜찮다 | ➡ | ➡ |
| 簡単だ<br>(かんたんだ) 간단하다 | ➡ | ➡ |
| 複雑だ<br>(ふくざつだ) 복잡하다 | ➡ | ➡ |
| 真面目だ<br>(まじめだ) 성실하다 | ➡ | ➡ |

| | | |
|---|---|---|
| 心配だ<br>(しんぱいだ) 걱정이다 | ➡ | ➡ |
| 駄目だ<br>(だめだ) 안 된다(금지) | ➡ | ➡ |
| 上手だ<br>(じょうずだ) 능숙하다 | ➡ | ➡ |
| 下手だ<br>(へただ) 미숙하다 | ➡ | ➡ |
| 暇だ<br>(ひまだ) 한가하다 | ➡ | ➡ |
| 親切だ<br>(しんせつだ) 친절하다 | ➡ | ➡ |
| 元気だ<br>(げんきだ) 건강하다 | ➡ | ➡ |
| 大変だ<br>(たいへんだ) 힘들다 | ➡ | ➡ |
| 可愛そうだ<br>(かわいそうだ) 불쌍하다 | ➡ | ➡ |

# 동사의 현재 부정과 과거 부정 연습

## 🌸 1그룹 동사

あ단 + ない(현재부정) → あ단 + なかった(과거부정)

단, 예외로 う단으로 끝나는 동사는 あない가 아니라 わない로 한다.

예) 買う(かう) 사다 → かわない 사지 않다

| 立つ<br>(たつ) 서다 | ➡ | たたない<br>서지 않다(현재 부정) | ➡ | たたなかった<br>서지 않았다(과거 부정) |
|---|---|---|---|---|
| 買う<br>(かう) 사다 | ➡ | かわない<br>사지 않다(현재 부정) | ➡ | かわなかった<br>사지 않았다(과거 부정) |
| 習う<br>(ならう) 배우다 | ➡ | | ➡ | |
| 会う<br>(あう) 만나다 | ➡ | | ➡ | |
| 言う<br>(いう) 말하다 | ➡ | | ➡ | |
| 使う<br>(つかう) 사용하다 | ➡ | | ➡ | |
| 待つ<br>(まつ) 기다리다 | ➡ | | ➡ | |
| 持つ<br>(もつ) 가지다 | ➡ | | ➡ | |
| 売る<br>(うる) 팔다 | ➡ | | ➡ | |
| わかる<br>이해하다 | ➡ | | ➡ | |

| | ない<br>없다(현재 부정) | | なかった<br>없었다(과거 부정) |
|---|---|---|---|
| 有る<br>(ある) (물건)있다 | ➡ | | ➡ |
| 降る<br>(ふる) 내리다 | ➡ | | ➡ |
| 乗る<br>(のる) 타다 | ➡ | | ➡ |
| 始まる<br>(はじまる) 시작하다 | ➡ | | ➡ |
| かかる<br>걸리다 | ➡ | | ➡ |
| 死ぬ<br>(しぬ) 죽다 | ➡ | | ➡ |
| 飲む<br>(のむ) 마시다 | ➡ | | ➡ |
| 選ぶ<br>(えらぶ) 선택하다 | ➡ | | ➡ |
| 書く<br>(かく) 쓰다 | ➡ | | ➡ |
| 聞く<br>(きく) 듣다 | ➡ | | ➡ |
| 急ぐ<br>(いそぐ) 서두르다 | ➡ | | ➡ |
| 行く<br>(いく) 가다 | ➡ | | ➡ |
| もらう<br>받다 | ➡ | | ➡ |

| | | |
|---|---|---|
| 歩く<br>(あるく) 걷다 | ➡ | ➡ |
| なる<br>되다 | ➡ | ➡ |
| 話す<br>(はなす) 이야기하다 | ➡ | ➡ |
| 泳ぐ<br>(およぐ) 수영하다 | ➡ | ➡ |

## ❋ 2그룹 동사

~る 빼고 → ない → なかった

| | | |
|---|---|---|
| 見る<br>(みる) 보다 | ➡ みない<br>보지 않다(현재 부정) | ➡ みなかった<br>보지 않았다(과거 부정) |
| 食べる<br>(たべる) 먹다 | ➡ たべない<br>먹지 않다(현재 부정) | ➡ たべなかった<br>먹지 않았다(과거 부정) |
| 出かける<br>(でかける) 외출하다 | ➡ | ➡ |
| 出る<br>(でる) 나가다 | ➡ | ➡ |
| 着る<br>(きる) 입다 | ➡ | ➡ |
| 起きる<br>(おきる) 일어나다 | ➡ | ➡ |
| 降りる<br>(おりる) 내리다 | ➡ | ➡ |

| | | |
|---|---|---|
| 寝る<br>(ねる) 자다 | ➡ | ➡ |
| いる<br>(사람)있다 | ➡ | ➡ |
| かける<br>(전화)걸다 | ➡ | ➡ |
| できる<br>가능하다 | ➡ | ➡ |
| 教える<br>(おしえる) 가르치다 | ➡ | ➡ |
| 覚える<br>(おぼえる) 외우다,<br>기억하다 | ➡ | ➡ |
| 忘れる<br>(わすれる) 잊다 | ➡ | ➡ |
| 閉じる<br>(とじる) 닫다 | ➡ | ➡ |
| 開ける<br>(あける) 열다 | ➡ | ➡ |
| 訪ねる<br>(たずねる) 방문하다 | ➡ | ➡ |
| やめる<br>그만두다 | ➡ | ➡ |
| あげる<br>주다 | ➡ | ➡ |
| 答える<br>(こたえる) 대답하다 | ➡ | ➡ |

| | | |
|---|---|---|
| 続ける<br>(つづける) 계속하다 | ➡ | ➡ |
| 勤める<br>(つとめる) 근무하다 | ➡ | ➡ |

## ❀ 3그룹 동사 (불규칙)

する 하다 → しない 하지 않다(현재 부정) → しなかった 하지 않았다(과거 부정)

くる 오다 → こない 오지 않다(현재 부정) → こなかった 오지 않았다(과거 부정)

# unit 03 형용사와 형용동사의 부사형 : ~하게

형용사와 동사의 뜻을 분명히 하는 기능을 가진 품사를 부사라고 하는데 일본어의 형용사와 형용동사는 활용을 통한 부사형을 갖고 있다. 한국어로는 '하게'라는 뜻을 가진다.

## 형용사의 부사형 연습

### ~い → ~く

| 高い(たかい) 비싸다 | ➡ | たかく 비싸게 |
|---|---|---|
| 安い(やすい) 싸다 | ➡ | やすく 싸게 |
| 高い(たかい) 높다 | ➡ | |
| 低い(ひくい) 낮다 | ➡ | |
| 美味しい(おいしい) 맛있다 | ➡ | |
| 大きい(おおきい) 크다 | ➡ | |
| 小さい(ちいさい) 작다 | ➡ | |
| 難しい(むずかしい) 어렵다 | ➡ | |
| 易しい(やさしい) 쉽다 | ➡ | |
| 新しい(あたらしい) 새롭다 | ➡ | |
| 古い(ふるい) 오래되다 | ➡ | |
| 長い(ながい) 길다 | ➡ | |

| | |
|---|---|
| 短い(みじかい) 짧다 | ➡ |
| 多い(おおい) 많다 | ➡ |
| 少ない(すくない) 적다 | ➡ |
| 広い(ひろい) 넓다 | ➡ |
| 狭い(せまい) 좁다 | ➡ |
| 面白い(おもしろい) 재미있다 | ➡ |
| つまらない 시시하다 | ➡ |
| 良い(いい) 좋다 | ➡ |
| 悪い(わるい) 나쁘다 | ➡ |

## 형용동사의 부사형 연습

~だ → ~に

| | | |
|---|---|---|
| 静かだ(しずかだ) 조용하다 | ➡ | しずかに 조용하게 |
| 綺麗だ(きれいだ) 예쁘다 | ➡ | きれいに 예쁘게 |
| 便利だ(べんりだ) 편리하다 | ➡ | |
| 不便だ(ふべんだ) 불편하다 | ➡ | |
| 好きだ(すきだ) 좋아하다 | ➡ | |
| 嫌いだ(きらいだ) 싫어하다 | ➡ | |

| | |
|---|---|
| 大事だ(だいじだ) 소중하다 | ➡ |
| 大丈夫だ(だいじょうぶだ) 괜찮다 | ➡ |
| 簡単だ(かんたんだ) 간단하다 | ➡ |
| 複雑だ(ふくざつだ) 복잡하다 | ➡ |
| 真面目だ(まじめだ) 성실하다 | ➡ |
| 心配だ(しんぱいだ) 걱정이다 | ➡ |
| 駄目だ(だめだ) 안 된다(금지) | ➡ |
| 上手だ(じょうずだ) 능숙하다 | ➡ |
| 下手だ(へただ) 미숙하다 | ➡ |
| 暇だ(ひまだ) 한가하다 | ➡ |
| 親切だ(しんせつだ) 친절하다 | ➡ |
| 元気だ(げんきだ) 건강하다 | ➡ |
| 大変だ(たいへんだ) 힘들다 | ➡ |
| 可愛そうだ(かわいそうだ) 불쌍하다 | ➡ |

# MEMO

## unit 04 각 품사의 연결형 : ~하고, ~해서

형용사, 형용동사, 동사를 두 개 이상 연결할 때 필요한 형태다. 이 형태를 통해 표현을 보다 풍부하게 할 수 있다.

- 형용사 : ~くて
- 형용동사 : ~で
- 동사 : ~て(음편형 규칙)

## 형용사의 연결형 연습

### い 빼고 ~くて

| 高い(たかい) 비싸다 | + | 良い(いい) 좋다 |
|---|---|---|

➡ 비싸고 좋다　たかくていい

| 安い(やすい) 싸다 | + | 美味しい(おいしい) 맛있다 |
|---|---|---|

➡ 싸고 맛있다　やすくておいしい

| 大きい(おおきい) 크다 | + | 広い(ひろい) 넓다 |
|---|---|---|

➡ 크고 넓다

| 小さい(ちいさい) 작다 | + | 可愛い(かわいい) 귀엽다 |
|---|---|---|

➡ 작고 귀엽다

| 多い(おおい) 많다 | + | 難しい(むずかしい) 어렵다 |
|---|---|---|

➡ 많고 어렵다

易しい(やさしい) 쉽다     +     新しい(あたらしい) 새롭다

➡ 쉽고 새롭다

古い(ふるい) 오래되다     +     長い(ながい) 길다

➡ 오래되고 길다

短い(みじかい) 짧다     +     少ない(すくない) 적다

➡ 짧고 적다

狭い(せまい) 좁다     +     悪い(わるい) 나쁘다

➡ 좁고 나쁘다

面白い(おもしろい) 재미있다     +     良い(いい)

➡ 재밌고 좋다

つまらない 시시하다     +     悪い(わるい) 나쁘다

➡ 시시하고 나쁘다

## 형용동사의 연결형 연습

だ 빼고 ~で

静かだ(しずかだ) 조용하다     +     綺麗だ(きれいだ) 예쁘다

➡ 조용하고 예쁘다 しずかできれいだ

| 簡単だ(かんたんだ) 간단하다 | + | 便利だ(べんりだ) 편리하다 |
|---|---|---|

➡ 간단하고 편리하다 かんたんでべんりだ

| 不便だ(ふべんだ) 불편하다 | + | 嫌いだ(きらいだ) 싫다 |
|---|---|---|

➡ 불편하고 싫다

| 好きだ(すきだ) 좋아하다 | + | 大事だ(だいじだ) 소중하다, 중요하다 |
|---|---|---|

➡ 좋고 소중하다

| 複雑だ(ふくざつだ) 복잡하다 | + | 心配だ(しんぱいだ) 걱정이다 |
|---|---|---|

➡ 복잡해서 걱정이다

| 親切だ(しんせつだ) 친절하다 | + | 真面目だ(まじめだ) 성실하다 |
|---|---|---|

➡ 친절하고 성실하다

| 上手だ(じょうずだ) 능숙하다 | + | 元気だ(げんきだ) 건강하다 |
|---|---|---|

➡ 능숙하고 건강하다

| 下手だ(へただ) 미숙하다 | + | 駄目だ(だめだ) 안 된다 |
|---|---|---|

➡ 미숙해서 안 된다

| 暇だ(ひまだ) 한가하다 | + | 静かだ(しずかだ) 조용하다 |
|---|---|---|

➡ 한가하고 조용하다

| 大変だ(たいへんだ) 힘들다 | + | 可愛そうだ(かわいそうだ) 불쌍하다 |
|---|---|---|

➡ 힘들어서 불쌍하다

# 동사의 연결형 연습

## ❀ 1그룹 동사

어미가 う く(ぐ) す つ ぬ ぶ む る로 끝난다.

 · 음편형 규칙 적용 ~て

## ❀ 음편형 규칙 복습

| 동사의 어미 변화 + た : | 동사의 어미 | | 변화 되는 음 |
|---|---|---|---|
| | う つ る | ➡ | った |
| | ぬ む ぶ | ➡ | んだ(탁음) |
| | く, ぐ | ➡ | いた, いだ |
| | す | ➡ | した |
| | 行く | ➡ | 行った |

---

| 習う(ならう) 배우다 | + | 言う(いう)말하다 |
|---|---|---|

➡ 배우고(배워서) 말하다 ならっていう

---

| 使う(つかう) 사용하다 | + | もらう 받다 |
|---|---|---|

➡ 사용해 받다 つかってもらう

---

| 立つ(たつ) 서다 | + | 待つ(まつ) 기다리다 |
|---|---|---|

➡ 서서 기다리다

---

| 持つ(もつ) 가지다 | + | 売る(うる) 팔다 |
|---|---|---|

➡ 가지고 팔다

---

| 選ぶ(えらぶ) 선택하다 | + | 飲む(のむ) 마시다 |
|---|---|---|

➡ 선택해서 마시다

---

| 書く(かく) 쓰다 | + | 聞く(きく) 듣다 |
|---|---|---|

➡ 쓰고 듣다

| 急ぐ(いそぐ) 서두르다 | + | 行く(いく) 가다 |
|---|---|---|

➡ 서둘러(서) 가다

| 歩く(あるく) 걷다 | + | 行く(いく) 가다 |
|---|---|---|

➡ 걸어(서) 가다

## ❀ 2그룹 동사

| ~る 빼고 ~て |
|---|

| 食べる(たべる) 먹다 | + | 見る(みる) 보다 |
|---|---|---|

➡ 먹어(고) 보다 たべてみる

| 出かける(でかける) 외출하다 | + | 見る(みる) 보다 |
|---|---|---|

➡ 외출해 보다 出かけてみる

| 出る(でる) 나가다 | + | 見る(みる) 보다 |
|---|---|---|

➡ 나가(나가서) 보다

| 着る(きる) 입다 | + | 見る(みる) 보다 |
|---|---|---|

➡ 입어 보다

| 覚える(おぼえる) 외우다 | + | 教える(おしえる) 가르치다 |
|---|---|---|

➡ 외우고(외워서) 가르치다

| 覚える(おぼえる) 외우다 | + | 答える(こたえる) 대답하다 |
|---|---|---|

➡ 외우고(외워서) 대답하다

| 覚える(おぼえる) 외우다 | + | 忘れる(わすれる) 잊다 |
|---|---|---|

➡ 외우고 잊(어버리)다

| 閉じる(とじる) 닫다 | + | 開ける(あける) 열다 |
|---|---|---|

➡ 닫고 열다

| 訪ねる(たずねる) 방문하다 | + | 勤める(つとめる) 근무하다 |
|---|---|---|

➡ 방문해서 근무하다

| やめる 그만두다 | + | あげる 주다 |
|---|---|---|

➡ 그만두어 주다

| 続ける(つづける) 계속하다 | + | 見る(みる) 보다 |
|---|---|---|

➡ 계속해 보다

## ✿ 3그룹 동사

する → して, くる → きて

# unit 05 공손한 표현 : です와 ます

형용사, 형용동사, 명사의 원형에 です를 붙이면 '~입니다', 동사에 ~ます를 붙이면 '~합니다' '~습니다' 의 공손한 표현이 된다.

## ❀ 동사의 공손한 표현 : ~ます

- 형용사, 형용동사, 명사의 정중한 표현 : です
- 형용동사 : ~だ → ~です
- 1그룹 동사 : 어미를 い단 + ~ます
- 2그룹 동사 : る 빼고 ~ます
- 3그룹 동사 : する → します(합니다), くる → きます(옵니다)

형용사です

## 형용사의 공손한 표현 연습

원형 + です

| 高い(たかい) 비싸다 | ➡ | たかいです 비쌉니다 |
|---|---|---|
| 安い(やすい) 싸다 | ➡ | やすいです 쌉니다 |
| 高い(たかい) 높다 | ➡ | |
| 低い(ひくい) 낮다 | ➡ | |
| 美味しい(おいしい) 맛있다 | ➡ | |
| 大きい(おおきい) 크다 | ➡ | |
| 小さい(ちいさい) 작다 | ➡ | |

혼쌤의 일본어 핵심패턴 정복

| | |
|---|---|
| 難しい(むずかしい) 어렵다 | ➡ |
| 易しい(やさしい) 쉽다 | ➡ |
| 新しい(あたらしい) 새롭다 | ➡ |
| 古い(ふるい) 오래되다 | ➡ |
| 長い(ながい) 길다 | ➡ |
| 短い(みじかい) 짧다 | ➡ |
| 多い(おおい) 많다 | ➡ |
| 少ない(すくない) 적다 | ➡ |
| 広い(ひろい) 넓다 | ➡ |
| 狭い(せまい) 좁다 | ➡ |
| 面白い(おもしろい) 재미있다 | ➡ |
| つまらない 시시하다 | ➡ |
| 良い(いい) 좋다 | ➡ |
| 悪い(わるい) 나쁘다 | ➡ |

# 형용동사의 공손한 표현 연습

## ~だ → ~です

| | | |
|---|---|---|
| 静かだ(しずかだ) 조용하다 | ➡ | しずかです 조용합니다 |
| 綺麗だ(きれいだ) 예쁘다 | ➡ | きれいです 예쁩니다 |
| 便利だ(べんりだ) 편리하다 | ➡ | |
| 不便だ(ふべんだ) 불편하다 | ➡ | |
| 好きだ(すきだ) 좋아하다 | ➡ | |
| 嫌いだ(きらいだ) 싫어하다 | ➡ | |
| 大事だ(だいじだ) 소중하다 | ➡ | |
| 大丈夫だ(だいじょうぶだ) 괜찮다 | ➡ | |
| 簡単だ(かんたんだ) 간단하다 | ➡ | |
| 複雑だ(ふくざつだ) 복잡하다 | ➡ | |
| 真面目だ(まじめだ) 성실하다 | ➡ | |
| 心配だ(しんぱいだ) 걱정이다 | ➡ | |
| 駄目だ(だめだ) 안 된다(금지) | ➡ | |
| 上手だ(じょうずだ) 능숙하다 | ➡ | |
| 下手だ(へただ) 미숙하다 | ➡ | |
| 暇だ(ひまだ) 한가하다 | ➡ | |
| 親切だ(しんせつだ) 친절하다 | ➡ | |
| 元気だ(げんきだ) 건강하다 | ➡ | |

| 大変だ(たいへんだ) 힘들다 | ➡ |
| 可愛そうだ(かわいそうだ) 불쌍하다 | ➡ |

## 동사의 공손한 표현 연습

### ❀ 1그룹 동사

> 어미를 い단 + ~ます

| 立つ(たつ) 서다 | ➡ | たちます 섭니다 |
|---|---|---|
| 買う(かう) 사다 | ➡ | かいます 삽니다 |
| 習う(ならう) 배우다 | ➡ | |
| 会う(あう) 만나다 | ➡ | |
| 言う(いう) 말하다 | ➡ | |
| 使う(つかう) 사용하다 | ➡ | |
| 待つ(まつ) 기다리다 | ➡ | |
| 持つ(もつ) 가지다 | ➡ | |
| 売る(うる) 팔다 | ➡ | |
| わかる 이해하다 | ➡ | |
| 有る(ある) (물건)있다 | ➡ | |
| 降る(ふる) 내리다 | ➡ | |
| 乗る(のる) 타다 | ➡ | |

| | |
|---|---|
| 始まる(はじまる) 시작하다 | ➡ |
| かかる 걸리다 | ➡ |
| 死ぬ(しぬ) 죽다 | ➡ |
| 飲む(のむ) 마시다 | ➡ |
| 選ぶ(えらぶ) 선택하다 | ➡ |
| 書く(かく) 쓰다 | ➡ |
| 聞く(きく) 듣다 | ➡ |
| 急ぐ(いそぐ) 서두르다 | ➡ |
| 行く(いく) 가다 | ➡ |
| もらう 받다 | ➡ |
| 歩く(あるく) 걷다 | ➡ |
| なる 되다 | ➡ |
| 話す(はなす) 이야기하다 | ➡ |
| 泳ぐ(およぐ) 수영하다 | ➡ |

## ❀ 2그룹 동사

~る 빼고 ~ます

| | | |
|---|---|---|
| 見る(みる) 보다 | ➡ | みます 봅니다 |
| 食べる(たべる) 먹다 | ➡ | たべます 먹습니다 |
| 出かける(でかける) 외출하다 | ➡ | |

| | |
|---|---|
| 出る(でる) 나가다 | ➡ |
| 着る(きる) 입다 | ➡ |
| 起きる(おきる) 일어나다 | ➡ |
| 降りる(おりる) 내리다 | ➡ |
| 寝る(ねる) 자다 | ➡ |
| いる(사람)있다 | ➡ |
| かける(전화)걸다 | ➡ |
| できる 가능하다 | ➡ |
| 教える(おしえる) 가르치다 | ➡ |
| 覚える(おぼえる) 외우다, 기억하다 | ➡ |
| 忘れる(わすれる) 잊(어버리)다 | ➡ |
| 閉じる(とじる) 닫다 | ➡ |
| 開ける(あける) 열다 | ➡ |
| 訪ねる(たずねる) 방문하다 | ➡ |
| やめる 그만두다 | ➡ |
| あげる 주다 | ➡ |
| 答える(こたえる) 대답하다 | ➡ |
| 続ける(つづける) 계속하다 | ➡ |
| 勤める(つとめる) 근무하다 | ➡ |

## 🌸 3그룹 동사 (불규칙)

します(합니다), きます(옵니다)

# unit 06 명사 수식형 : ~하는(현재형), ~했던(과거형)

명사를 수식하는 형태를 연체형이라고 하는데 한국어로는 현재 시제 수식형은 '~하는', 과거시제 수식형은 '~했던'의 뜻이 된다.

## ✿ 현재 수식 : ~하는(~할)
- 형용사 : 원형
- 형용동사 : ~だ 빼고 ~な
- 동사 : 원형

## 형용사의 현재 연체형 연습

> 형용사 원형 + 時(とき) = ~하는(~할) 때

| 高い(たかい) 비싸다 | ➡ | たかい時 비쌀 때 |
|---|---|---|
| 安い(やすい) 싸다 | ➡ | やすい時 쌀 때 |
| 高い(たかい) 높다 | ➡ | |
| 低い(ひくい) 낮다 | ➡ | |
| 美味しい(おいしい) 맛있다 | ➡ | |
| 大きい(おおきい) 크다 | ➡ | |
| 小さい(ちいさい) 작다 | ➡ | |
| 難しい(むずかしい) 어렵다 | ➡ | |
| 易しい(やさしい) 쉽다 | ➡ | |

| | |
|---|---|
| 新しい(あたらしい) 새롭다 | ➡ |
| 古い(ふるい) 오래되다 | ➡ |
| 長い(ながい) 길다 | ➡ |
| 短い(みじかい) 짧다 | ➡ |
| 多い(おおい) 많다 | ➡ |
| 少ない(すくない) 적다 | ➡ |
| 広い(ひろい) 넓다 | ➡ |
| 狭い(せまい) 좁다 | ➡ |
| 面白い(おもしろい) 재미있다 | ➡ |
| つまらない 시시하다 | ➡ |
| 良い(いい) 좋다 | ➡ |
| 悪い(わるい) 나쁘다 | ➡ |

## 형용동사의 현재 연체형 연습

~だ 빼고 ~な + 時(とき) = ~하는(~할) 때

| | | |
|---|---|---|
| 静かだ(しずかだ) 조용하다 | ➡ | しずかな時 조용할 때 |
| 綺麗だ(きれいだ) 예쁘다 | ➡ | きれいな時 예쁠 때 |
| 便利だ(べんりだ) 편리하다 | ➡ | |

| | |
|---|---|
| 不便だ(ふべんだ) 불편하다 | ➡ |
| 好きだ(すきだ) 좋아하다 | ➡ |
| 嫌いだ(きらいだ) 싫어하다 | ➡ |
| 大事だ(だいじだ) 소중하다 | ➡ |
| 大丈夫だ(だいじょうぶだ) 괜찮다 | ➡ |
| 簡単だ(かんたんだ) 간단하다 | ➡ |
| 複雑だ(ふくざつだ) 복잡하다 | ➡ |
| 真面目だ(まじめだ) 성실하다 | ➡ |
| 心配だ(しんぱいだ) 걱정이다 | ➡ |
| 駄目だ(だめだ) 안 된다(금지) | ➡ |
| 上手だ(じょうずだ) 능숙하다 | ➡ |
| 下手だ(へただ) 미숙하다 | ➡ |
| 暇だ(ひまだ) 한가하다 | ➡ |
| 親切だ(しんせつだ) 친절하다 | ➡ |
| 元気だ(げんきだ) 건강하다 | ➡ |
| 大変だ(たいへんだ) 힘들다 | ➡ |
| 可愛そうだ(かわいそうだ) 불쌍하다 | ➡ |

# 동사의 현재 연체형 연습

## 🌸 1그룹 동사

> 동사 원형 + 時(とき) = ~하는(~할) 때

| | | |
|---|---|---|
| 立つ(たつ) 서다 | ➡ | たつ時 설 때 |
| 買う(かう) 사다 | ➡ | かう時 살 때 |
| 習う(ならう) 배우다 | ➡ | |
| 会う(あう) 만나다 | ➡ | |
| 言う(いう) 말하다 | ➡ | |
| 使う(つかう) 사용하다 | ➡ | |
| 待つ(まつ) 기다리다 | ➡ | |
| 持つ(もつ) 가지다 | ➡ | |
| 売る(うる) 팔다 | ➡ | |
| わかる 이해하다 | ➡ | |
| 有る(ある) (물건)있다 | ➡ | |
| 降る(ふる) 내리다 | ➡ | |
| 乗る(のる) 타다 | ➡ | |
| 始まる(はじまる) 시작하다 | ➡ | |
| かかる 걸리다 | ➡ | |
| 死ぬ(しぬ) 죽다 | ➡ | |
| 飲む(のむ) 마시다 | ➡ | |

| | |
|---|---|
| 選ぶ(えらぶ) 선택하다 | ➡ |
| 書く(かく) 쓰다 | ➡ |
| 聞く(きく) 듣다 | ➡ |
| 急ぐ(いそぐ) 서두르다 | ➡ |
| 行く(いく) 가다 | ➡ |
| もらう 받다 | ➡ |
| 歩く(あるく) 걷다 | ➡ |
| なる 되다 | ➡ |
| 話す(はなす) 이야기하다 | ➡ |
| 泳ぐ(およぐ) 수영하다 | ➡ |

## ❀ 2그룹 동사

> ~る + 時(とき) = ~하는(~할) 때

| | |
|---|---|
| 見る(みる) 보다 | ➡ みる時 볼 때 |
| 食べる(たべる) 먹다 | ➡ たべる時 먹을 때 |
| 出かける(でかける) 외출하다 | ➡ |
| 出る(でる) 나가다 | ➡ |
| 着る(きる) 입다 | ➡ |
| 起きる(おきる) 일어나다 | ➡ |
| 降りる(おりる) 내리다 | ➡ |

혼쌤의 일본어 핵심패턴 정복

| | |
|---|---|
| 寝る(ねる) 자다 | ➡ |
| いる(사람)있다 | ➡ |
| かける(전화)걸다 | ➡ |
| できる 가능하다 | ➡ |
| 教える(おしえる) 가르치다 | ➡ |
| 覚える(おぼえる) 외우다, 기억하다 | ➡ |
| 忘れる(わすれる) 잊(어버리)다 | ➡ |
| 閉じる(とじる) 닫다 | ➡ |
| 開ける(あける) 열다 | ➡ |
| 訪ねる(たずねる) 방문하다 | ➡ |
| やめる 그만두다 | ➡ |
| あげる 주다 | ➡ |
| 答える(こたえる) 대답하다 | ➡ |
| 続ける(つづける) 계속하다 | ➡ |
| 勤める(つとめる) 근무하다 | ➡ |

## ❀ 3그룹 동사 (불규칙)

する → する時 할 때

くる → くる時 올 때

## ✿ 과거 수식 : ~했던 (~했을)

과거 시제로 명사를 수식할 때 쓰는 표현. 한국어로는 '~했던' '~했을'의 의미를 갖는다.

- 형용사 : ~かった(과거형)
- 형용동사 : ~だった(과거형)
- 동사 : ~た(음편형)

## 형용사의 과거 연체형 연습

~かった + 時(とき) = ~했던(~했을) 때

| | | |
|---|---|---|
| 高い(たかい) 비싸다 | ➡ | たかかった時 비쌌을(비쌌던) 때 |
| 安い(やすい) 싸다 | ➡ | やすかった時 쌌을 때 |
| 高い(たかい) 높다 | ➡ | |
| 低い(ひくい) 낮다 | ➡ | |
| 美味しい(おいしい) 맛있다 | ➡ | |
| 大きい(おおきい) 크다 | ➡ | |
| 小さい(ちいさい) 작다 | ➡ | |
| 難しい(むずかしい) 어렵다 | ➡ | |
| 易しい(やさしい) 쉽다 | ➡ | |
| 新しい(あたらしい) 새롭다 | ➡ | |
| 古い(ふるい) 오래되다 | ➡ | |
| 長い(ながい) 길다 | ➡ | |
| 短い(みじかい) 짧다 | ➡ | |

| | |
|---|---|
| 多い(おおい) 많다 | ➡ |
| 少ない(すくない) 적다 | ➡ |
| 広い(ひろい) 넓다 | ➡ |
| 狭い(せまい) 좁다 | ➡ |
| 面白い(おもしろい) 재미있다 | ➡ |
| つまらない 시시하다 | ➡ |
| 良い(いい) 좋다 (예외) | ➡ よかった時 좋을 때 |
| 悪い(わるい) 나쁘다 | ➡ |

## 형용동사의 과거 연체형 연습

~だ 빼고 ~だった + 時(とき) = ~했던(~했을) 때

| | |
|---|---|
| 静かだ(しずかだ) 조용하다 | ➡ しずかだった時 조용했을 때 |
| 綺麗だ(きれいだ) 예쁘다 | ➡ きれいだった時 예뻤을 때 |
| 便利だ(べんりだ) 편리하다 | ➡ |
| 不便だ(ふべんだ) 불편하다 | ➡ |
| 好きだ(すきだ) 좋아하다 | ➡ |
| 嫌いだ(きらいだ) 싫어하다 | ➡ |
| 大事だ(だいじだ) 소중하다 | ➡ |
| 大丈夫だ(だいじょうぶだ) 괜찮다 | ➡ |

| | | |
|---|---|---|
| 簡単だ(かんたんだ) 간단하다 | ➡ | |
| 複雑だ(ふくざつだ) 복잡하다 | ➡ | |
| 真面目だ(まじめだ) 성실하다 | ➡ | |
| 心配だ(しんぱいだ) 걱정이다 | ➡ | |
| 駄目だ(だめだ) 안 된다(금지) | ➡ | |
| 上手だ(じょうずだ) 능숙하다 | ➡ | |
| 下手だ(へただ) 미숙하다 | ➡ | |
| 暇だ(ひまだ) 한가하다 | ➡ | |
| 親切だ(しんせつだ) 친절하다 | ➡ | |
| 元気だ(げんきだ) 건강하다 | ➡ | |
| 大変だ(たいへんだ) 힘들다 | ➡ | |
| 可愛そうだ(かわいそうだ) 불쌍하다 | ➡ | |

## 동사의 과거 연체형 연습

~た + 時(とき) = ~했던(했을) 때 (음편형)

### ✿ 1그룹 동사

> 동사 과거형 た + 時(とき) = ~했던(했을) 때(음편형)

| | | |
|---|---|---|
| 立つ(たつ) 서다 | ➡ | たった時 섰을 때 |
| 買う(かう) 사다 | ➡ | かった時 샀을 때 |

혼쌤의 일본어 핵심패턴 정복

| | |
|---|---|
| 習う(ならう) 배우다 | ➡ |
| 会う(あう) 만나다 | ➡ |
| 言う(いう) 말하다 | ➡ |
| 使う(つかう) 사용하다 | ➡ |
| 待つ(まつ) 기다리다 | ➡ |
| 持つ(もつ) 가지다 | ➡ |
| 売る(うる) 팔다 | ➡ |
| わかる 이해하다 | ➡ |
| 有る(ある) (물건)있다 | ➡ |
| 降る(ふる) 내리다 | ➡ |
| 乗る(のる) 타다 | ➡ |
| 始まる(はじまる) 시작하다 | ➡ |
| かかる 걸리다 | ➡ |
| 死ぬ(しぬ) 죽다 | ➡ |
| 飲む(のむ) 마시다 | ➡ |
| 選ぶ(えらぶ) 선택하다 | ➡ |
| 書く(かく) 쓰다 | ➡ |
| 聞く(きく) 듣다 | ➡ |
| 急ぐ(いそぐ) 서두르다 | ➡ |
| 行く(いく) 가다 | ➡ |
| もらう 받다 | ➡ |

| | |
|---|---|
| 歩く(あるく) 걷다 | ➡ |
| なる 되다 | ➡ |
| 話す(はなす) 이야기하다 | ➡ |
| 泳ぐ(およぐ) 수영하다 | ➡ |

## ❈ 2그룹 동사

> ~る 빼고 た + 時(とき) = ~했던(했을) 때(음편형)

| | | |
|---|---|---|
| 見る(みる) 보다 | ➡ | みた時 보았을 때 |
| 食べる(たべる) 먹다 | ➡ | たべた時 먹었을 때 |
| 出かける(でかける) 외출하다 | ➡ | |
| 出る(でる) 나가다 | ➡ | |
| 着る(きる) 입다 | ➡ | |
| 起きる(おきる) 일어나다 | ➡ | |
| 降りる(おりる) 내리다 | ➡ | |
| 寝る(ねる) 자다 | ➡ | |
| いる(사람)있다 | ➡ | |
| かける(전화)걸다 | ➡ | |
| できる 가능하다 | ➡ | |
| 教える(おしえる) 가르치다 | ➡ | |
| 覚える(おぼえる) 외우다, 기억하다 | ➡ | |

| | |
|---|---|
| 忘れる(わすれる) 잊(어버리)다 | ➡ |
| 閉じる(とじる) 닫다 | ➡ |
| 開ける(あける) 열다 | ➡ |
| 訪ねる(たずねる) 방문하다 | ➡ |
| やめる 그만두다 | ➡ |
| あげる 주다 | ➡ |
| 答える(こたえる) 대답하다 | ➡ |
| 続ける(つづける) 계속하다 | ➡ |
| 勤める(つとめる) 근무하다 | ➡ |

## ❁ 3그룹 동사 (불규칙)

する → した + 時 했을 때

くる → きた + 時 왔을 때

# unit 07 조사

단어 뒤에 붙어서 그 어휘를 특정 요소로 만들어 주거나 의미를 부여해 주는 기능을 하는 품사를 조사라고 한다. 한국어에도 조사가 있어서 한국인 학습자는 이해가 수월하다.

## 조사의 종류

❶ は(발음은 わ) : ~은, ~는

❷ が : ~이, ~가

❸ を : ~을, ~를

❹ と : ~와

❺ に : ~에, ~에게(장소) - 영화관, 집

❻ へ : ~로, ~으로(방향) - 동서남북, 좌우

❼ で : ~에서(장소), ~(으)로(수단), ~해서(이유)

❽ から : ~부터

❾ まで : ~까지

❿ か : ~인가(불확실한 추측)

⓫ や : ~와, ~랑(부분 열거)

⓬ も : ~도

⓭ など : ~등

⓮ くらい : ~정도

⓯ ばかり : ~만, ~뿐

⓰ ので : ~이기 때문에(객관적 이유)

⓱ から : ~이기 때문에(주관적 이유)

⓲ より : ~보다(비교)

⓳ の : ~의(명사+の+명사)/ ~의 것(소유격)

## EX

밑줄 친 부분이 조사

1. バス<u>で</u>うち<u>に</u>帰ります。

   ➡ 버스<u>로</u>(수단) 집<u>에</u>(장소) 돌아갑니다.

2. スカート<u>と</u>青いズボン<u>を</u>買いました。

   ➡ 스커트<u>와</u> 파란 바지<u>를</u> 샀습니다.

3. 私<u>が</u>行く<u>から</u>、彼<u>も</u>行きます。

   ➡ 내<u>가</u> 가기 <u>때문에</u>(이유) 그<u>도</u> 갑니다.

4. 旅行<u>の</u>写真<u>が</u>テーブル<u>の</u>上<u>に</u>あります。

   ➡ 여행<u>의</u>(명사+の+명사) 사진<u>이</u> 테이블<u>의</u>(명사+の+명사) 위<u>에</u>(장소) 있습니다.

5. 映画<u>が</u>好き<u>で</u>友達<u>と</u>映画館<u>に</u>よく行きます。

   ➡ 영화<u>가</u> 좋<u>아서</u>(이유) 친구<u>와</u> 영화관<u>에</u>(장소) 자주 갑니다.

6. すみません、トイレ<u>は</u>どこですか。

   ➡ 죄송하지만 화장실<u>은</u> 어디입니까?

7. テーブル<u>の</u>うえに 本<u>や</u>ぺん<u>が</u>あります。

   ➡ 테이블<u>의</u> 위에 책<u>과</u>(부분 열거) 펜<u>이</u> 있습니다.

# unit 08 동사의 기본 7활용

일본어 동사의 7가지 기본 활용은 '~가 아니다'의 **부정형**, 정중 표현의 '~합니다'의 **연용형**, 말이 끝나는 **종지형**, 명사를 수식하는 **연체형**, 상대방에게 명령하는 **명령형**, 그리고 '~하면'의 가정을 나타내는 **가정형**이 있고 마지막으로 상대에게 권유를 하는 **권유형**으로 이렇게 7가지 종류이다.

## 동사의 기본 7활용

**①  미연(부정형) : ~가 아니다**

➡  부정형으로 '~가 아니다' 의 뜻을 가진다

_____

**②  연용(정중표현) : ~입니다**

➡  상대방에게 공손하게 말하는 말투

_____

**③  종지(문장이 끝남) : ~하다**

➡  문장이 종결됨을 나타낸다

_____

**④  연체(명사 수식형) : ~한**

➡  뒤에 명사가 오는 명사를 꾸미는 형태

_____

**⑤  명령 : ~해**

➡  상대방에게 어떤 행위를 요구하는 명령의 표현

_____

**⑥  가정 : ~하면**

➡  '~하면 좋겠다'의 가정 상황을 나타내는 표현

_____

흔쌤의 일본어 핵심패턴 정복

⑦ 의지, 권유 : ~하려고, ~하자
　➡ 자신의 의지나 상대에게 권유를 나타내는 표현

CHECK

활용형의 용어는 일본 국어 문법 용어에 기초했으며, 동사의 7활용은 히라가나 あ
いうえお단 순서대로 어미 활용이 이루어지기 때문에 활용의 순서대로 학습하는 것
이 효과적이다. 7활용의 순서는 '미연종연명가의'로 앞 머리글자를 따서 외우는 것
이 좋다.

## 1그룹 동사의 7활용

あ い う え お 5단에 걸쳐서 변화가 다 일어나기 때문에 5단 동사라고 부른다.
그러나 현재는 1그룹 동사라고 통용한다.

❶ 미연형 : あ단 + ない(어미 う는 ~あない가 아니라 ~わない)
❷ 연용형 : い단 + ます
❸ 종지형 : う단
❹ 연체형 : う단
❺ 명령형 : え단
❻ 가정형 : え단 + ば
❼ 의지형 : お단 + う

# 1그룹 동사의 7활용 연습

## 行く(いく)

**❶ 미연형**

➡ 行かない 가지 않다(안 가다)

**❷ 연용형**

➡ 行きます 갑니다

**❸ 종지형**

➡ 行く 가다

**❹ 연체형**

➡ 行く時 갈 때

**❺ 명령형**

➡ 行け 가

**❻ 가정형**

➡ 行けば 가면

**❼ 의지형, 권유형**

➡ 行こう 가려고, 가자

## 買う(かう)

**❶ 미연형**

➡ 買わない 사지 않다(안 사다)

② **연용형**

➡ 買います 삽니다

_____

③ **종지형**

➡ 買う 사다

_____

④ **연체형**

➡ 買う時 살 때

_____

⑤ **명령형**

➡ 買え 사

_____

⑥ **가정형**

➡ 買えば 사면

_____

❼ **의지형, 권유형**

➡ 買おう 사려고, 사자

_____

話す(はなす)

❶ **미연형**

➡

_____

❷ **연용형**

➡

_____

❸ **종지형**

➡

_____

❹ **연체형**

➡

_____

⑤ 명령형

➡

⑥ 가정형

➡

⑦ 의지형, 권유형

➡

飲む(のむ)

❶ 미연형

➡

❷ 연용형

➡

❸ 종지형

➡

❹ 연체형

➡

❺ 명령형

➡

❻ 가정형

➡

❼ 의지형, 권유형

➡

## 書く(かく)

**❶ 미연형**
➡

---

**❷ 연용형**
➡

---

**❸ 종지형**
➡

---

**❹ 연체형**
➡

---

**❺ 명령형**
➡

---

**❻ 가정형**
➡

---

**❼ 의지형, 권유형**
➡

---

## 選ぶ(えらぶ)

**❶ 미연형**
➡

---

**❷ 연용형**
➡

---

③ 종지형
⇒ _____

④ 연체형
⇒ _____

⑤ 명령형
⇒ _____

⑥ 가정형
⇒ _____

⑦ 의지형, 권유형
⇒ _____

## 2그룹 동사의 7활용 연습

食べる(たべる)

① 미연형
⇒ 食べない 먹지 않다(안 먹다)

② 연용형
⇒ 食べます 먹습니다

③ 종지형
⇒ 食べる 먹다

④ 연체형
⇒ 食べる時 먹을 때

⑤ **명령형**

➡ 食べろ 먹어

⑥ **가정형**

➡ 食べれば 먹으면

⑦ **의지형, 권유형**

➡ 食べよう 먹으려고, 먹자

見る(みる)

❶ **미연형**

➡ 見ない 보지 않다(안 보다)

❷ **연용형**

➡ 見ます 봅니다

❸ **종지형**

➡ 見る 보다

❹ **연체형**

➡ 見る時 볼 때

❺ **명령형**

➡ 見ろ 봐

❻ **가정형**

➡ 見れば 보면

❼ **의지형, 권유형**

➡ 見よう 보려고, 보자

## 出る(でる)

**❶ 미연형**

➡

**❷ 연용형**

➡

**❸ 종지형**

➡

**❹ 연체형**

➡

**❺ 명령형**

➡

**❻ 가정형**

➡

**❼ 의지형, 권유형**

➡

## 教える(おしえる)

**❶ 미연형**

➡

**❷ 연용형**

➡

❸ 종지형
➡

❹ 연체형
➡

❺ 명령형
➡

❻ 가정형
➡

❼ 의지형, 권유형
➡

やめる

❶ 미연형
➡

❷ 연용형
➡

❸ 종지형
➡

❹ 연체형
➡

❺ 명령형
➡

⑥ 가정형
→

⑦ 의지형, 권유형
→

寝る(ねる)

❶ 미연형
→

❷ 연용형
→

❸ 종지형
→

❹ 연체형
→

❺ 명령형
→

❻ 가정형
→

❼ 의지형, 권유형
→

## 開ける(あける)

**❶ 미연형**

➡

---

**❷ 연용형**

➡

---

**❸ 종지형**

➡

---

**❹ 연체형**

➡

---

**❺ 명령형**

➡

---

**❻ 가정형**

➡

---

**❼ 의지형, 권유형**

➡

---

# 3그룹 동사(불규칙 동사)의 7활용 연습

する와 くる는 불규칙 동사이기 때문에 반드시 암기해야 한다.

## する

**❶ 미연형**

➡ しない 하지 않다

**❷ 연용형**

➡ します 합니다

**❸ 종지형**

➡ する 한다

**❹ 연체형**

➡ する 하는, 할

**❺ 명령형**

➡ しろ, せよ 해

**❻ 가정형**

➡ すれば 하면

**❼ 의지형, 권유형**

➡ しよう 하려고, 하자

## 来る(くる)

**❶ 미연형**

➡ こない 오지 않다

**②** **연용형**

➡ きます 옵니다

---

**③** **종지형**

➡ くる 오다

---

**④** **연체형**

➡ くる 오는, 올

---

**⑤** **명령형**

➡ こい 와

---

**⑥** **가정형**

➡ これば 오면

---

**⑦** **의지형, 권유형**

➡ こよう 오려고, 오자

---

# unit 09 동사의 활용형과 음편형 구문 17개

동사의 기본 학습 중 가장 중요한 부분은 동사의 기본 7활용과 음편형!

각 동사별 기본 활용형 7개와 동사 과거형의 ~た와 동일하게 적용되는 음편형 문형 세트 10개를
같이 해서 총 17개를 함께 공부하는 것이 효율적이다.

## 기본 동사 활용 7개 + 음편형 10개

음편형 문형 10개는 다음과 같다.

❶ ~た : ~했다

❷ ~て : ~하고

❸ ~てから : ~하고 나서

❹ ~ている : ~하고 있다

❺ ~てしまう : ~해 버리다

❻ ~てください : ~해 주세요

❼ ~てもいいです : ~해도 좋습니다

❽ ~てはいけません : ~해서는(~하면) 안 됩니다

❾ ~たりします : ~하기도 합니다

❿ ~たら : ~하면

### ❀ 음편형 만드는 방법

· 1그룹 동사 : 어미 변화 + た

うつる → っ

ぬむぶ → んだ(탁음)

くぐ → い

す → し

혼쌤의 일본어 핵심패턴 정복

- 2그룹 동사 : る 빼고 음편
- 3그룹 동사 : する → し, くる → き

**동사 활용형**

行く(いく)

① 미연형 : 行かない 가지 않다

② 연용형 : 行きます 갑니다

③ 종지형 : 行く 가다

④ 연체형 : 行く 가는

⑤ 명령형 : 行け 가

⑥ 가정형 : 行けば 가면

⑦ 의지형 : 行こう 가려고


**음편형 구문**

① ~た ~했다 ➡ いった 갔다

② ~て ~하고 ➡ いって 가고

③ ~てから ~하고 나서 ➡ いってから 가고 나서

④ ~ている ~하고 있다 ➡ いっている 가고 있다

⑤ ~てしまう ~해 버리다 ➡ いってしまう 가 버리다

⑥ ~てください ~해 주세요 ➡ いってください 가 주세요

⑦ ~てもいいです ~해도 좋습니다 ➡ いってもいいです 가도 좋습니다

⑧ ~てはいけません ~해서는 안 됩니다 ➡ いってはいけません 가서는 안 됩니다

⑨ ~たりします ~하기도 합니다 ➡ いったりします 가기도 합니다

⑩ ~たら ~하면 ➡ いったら 가면

# 1그룹 동사의 17활용 연습

## 話す(はなす)

**①** **미연형**

➡ 話さない 이야기하지 않다

---

**②** **연용형**

➡ 話します 이야기합니다

---

**③** **종지형**

➡ 話す 이야기하다

---

**④** **연체형**

➡ 話す 이야기하는(이야기한)

---

**⑤** **명령형**

➡ 話せ 이야기해

---

**⑥** **가정형**

➡ 話せば 이야기하면

---

**⑦** **의지형**

➡ 話そう 이야기하려고

---

## ✿ 음편형 구문

① 話した
➡ 이야기했다

② 話して
➡ 이야기하고

③ 話してから
➡ 이야기하고 나서

④ 話している
➡ 이야기하고 있다

⑤ 話してしまう
➡ 이야기해 버리다

⑥ 話してください
➡ 이야기해 주세요

⑦ 話してもいいです
➡ 이야기해도 좋습니다

⑧ 話してはいけません
➡ 이야기해서는 안 됩니다

⑨ 話したりします
➡ 이야기하기도 합니다

⑩ 話したら
➡ 이야기하면

## 習う(ならう)

**❶ 미연형**

➡ 習わない

---

**❷ 연용형**

➡ 習います

---

**❸ 종지형**

➡ 習う

---

**❹ 연체형**

➡ 習う

---

**❺ 명령형**

➡ 習え

---

**❻ 가정형**

➡ 習えば

---

**❼ 의지형**

➡ 習おう

---

## ✽ 음편형 구문

**①** 習った

➡ _____

**②** 習って

➡ _____

**③** 習ってから

➡ _____

**④** 習っている

➡ _____

**⑤** 習ってしまう

➡ _____

**⑥** 習ってください

➡ _____

**⑦** 習ってもいいです

➡ _____

**⑧** 習ってはいけません

➡ _____

**⑨** 習ったりします

➡ _____

**⑩** 習ったら

➡ _____

# ❋ 한국어를 일본어로 바꾸는 음편형 연습

書く(かく)

**❶ 미연형**

➡ 쓰지 않다

---

**❷ 연용형**

➡ 씁니다

---

**❸ 종지형**

➡ 쓰다

---

**❹ 연체형**

➡ 쓰는

---

**❺ 명령형**

➡ 써

---

**❻ 가정형**

➡ 쓰면

---

**❼ 의지형**

➡ 쓰려고

---

# ✽ 음편형 구문

**❶ 썼다**

➡ _____

**❷ 쓰고**

➡ _____

**❸ 쓰고 나서**

➡ _____

**❹ 쓰고 있다**

➡ _____

**❺ 써 버리다**

➡ _____

**❻ 써 주세요**

➡ _____

**❼ 써도 좋습니다**

➡ _____

**❽ 써서는(쓰면) 안 됩니다**

➡ _____

**❾ 쓰기도 합니다**

➡ _____

**❿ 쓰면**

➡ _____

## 2그룹 동사 17개 활용 연습

食べる(たべる)

**①** **미연형**

➡ 食べない 먹지 않다

**②** **연용형**

➡ 食べます 먹습니다

**③** **종지형**

➡ 食べる 먹다

**④** **연체형**

➡ 食べる 먹는

**⑤** **명령형**

➡ 食べろ・食べよ 먹어

**⑥** **가정형**

➡ 食べれば 먹으면

**⑦** **의지형**

➡ 食べよう 먹으려고

## ❀ 음편형 구문

**❶ 食べた**

➡ 먹었다

___

**❷ 食べて**

➡ 먹고

___

**❸ 食べてから**

➡ 먹고 나서

___

**❹ 食べている**

➡ 먹고 있다

___

**❺ 食べてしまう**

➡ 먹어 버리다

___

**❻ 食べてください**

➡ 먹어 주세요

___

**❼ 食べてもいいです**

➡ 먹어도 좋습니다

___

**❽ 食べてはいけません**

➡ 먹어서는 안 됩니다

___

**❾ 食べたりします**

➡ 먹기도 합니다

___

**❿ 食べたら**

➡ 먹으면

___

# 🌸 한국어를 일본어로 바꾸는 음편형 연습

見る(みる)

① **미연형**

➡ 보지 않다(안 보다)

② **연용형**

➡ 봅니다

③ **종지형**

➡ 보다

④ **연체형**

➡ 볼 때

⑤ **명령형**

➡ 봐

⑥ **가정형**

➡ 보면

⑦ **의지형**

➡ 보려고

## ✿ 음편형 구문

**①** 보았다

➡ _____

**②** 보고

➡ _____

**③** 보고 나서

➡ _____

**④** 보고 있다

➡ _____

**⑤** 봐 버리다

➡ _____

**⑥** 봐 주세요

➡ _____

**⑦** 봐도 좋습니다

➡ _____

**⑧** 보아서는(보면) 안 됩니다

➡ _____

**⑨** 보기도 합니다

➡ _____

**⑩** 보면

➡ _____

# ✳ 한국어를 일본어로 바꾸는 음편형 연습

> ## 教える(おしえる)

**❶ 미연형**

➡ 가르치지 않다

**❷ 연용형**

➡ 가르칩니다

**❸ 종지형**

➡ 가르치다

**❹ 연체형**

➡ 가르치는

**❺ 명령형**

➡ 가르쳐

**❻ 가정형**

➡ 가르치면

**❼ 의지형**

➡ 가르치려고

## ✽ 음편형 구문

**❶** 가르쳤다

➡ _____

**❷** 가르치고

➡ _____

**❸** 가르치고 나서

➡ _____

**❹** 가르치고 있다

➡ _____

**❺** 가르쳐 버리다

➡ _____

**❻** 가르쳐 주세요

➡ _____

**❼** 가르쳐도 좋습니다

➡ _____

**❽** 가르쳐서는 안 됩니다

➡ _____

**❾** 가르치기도 합니다

➡ _____

**❿** 가르치면

➡ _____

## ❀ 한국어를 일본어로 바꾸는 음편형 연습

出かける(でかける)

**❶ 미연형**

➡ 외출하지 않다

---

**❷ 연용형**

➡ 외출합니다

---

**❸ 종지형**

➡ 외출하다

---

**❹ 연체형**

➡ 외출하는

---

**❺ 명령형**

➡ 외출해

---

**❻ 가정형**

➡ 외출하면

---

**❼ 의지형**

➡ 외출하려고

---

## ❀ 음편형 구문

**①** 외출하다

➡ _____

**②** 외출하고

➡ _____

**③** 외출하고 나서

➡ _____

**④** 외출하고 있다

➡ _____

**⑤** 외출해 버리다

➡ _____

**⑥** 외출해 주세요

➡ _____

**⑦** 외출해도 좋습니다

➡ _____

**⑧** 외출해서는 안 됩니다

➡ _____

**⑨** 외출하기도 합니다

➡ _____

**⑩** 외출하면

➡ _____

## 3그룹 동사(불규칙 동사) 17개 활용 외우기

する와 来る는 어간이 바뀌기 때문에 반드시 암기해야 한다.

する

**❶ 미연형**

➡ しない 하지 않다

**❷ 연용형**

➡ します 합니다

**❸ 종지형**

➡ する 하다

**❹ 연체형**

➡ する 하는

**❺ 명령형**

➡ しろ · せよ 해

**❻ 가정형**

➡ すれば 하면

**❼ 의지형**

➡ しよう 하려고

## ✽ 음편형 구문

**❶ した**
→ 했다
___

**❷ して**
→ 하고
___

**❸ してから**
→ 하고 나서
___

**❹ している**
→ 하고 있다
___

**❺ してしまう**
→ 해 버리다
___

**❻ してください**
→ 해 주세요
___

**❼ してもいいです**
→ 해도 좋습니다
___

**❽ してはいけません**
→ 해서는(하면) 안 됩니다
___

**❾ したりします**
→ 하기도 합니다
___

**❿ したら**
→ 하면
___

## 来る

**❶ 미연형**
  ➡ こない 오지 않다
_____

**❷ 연용형**
  ➡ きます 옵니다
_____

**❸ 종지형**
  ➡ 来る 오다
_____

**❹ 연체형**
  ➡ 来る 오는
_____

**❺ 명령형**
  ➡ こい 와
_____

**❻ 가정형**
  ➡ くれば 오면
_____

**❼ 의지형**
  ➡ こよう 오려고
_____

## ❀ 음편형 구문

① **きた**
➡ 왔다

② **きて**
➡ 오고

③ **きてから**
➡ 오고 나서

④ **きている**
➡ 오고 있다

⑤ **きてしまう**
➡ 와 버리다

⑥ **きてください**
➡ 와 주세요

⑦ **きてもいいです**
➡ 와도 좋습니다

⑧ **きてはいけません**
➡ 와서는(오면) 안 됩니다

⑨ **きたりします**
➡ 오기도 합니다

⑩ **きたら**
➡ 오면

# 동사 활용 심화 25개

동사 기본 패턴 17개와 그 표현의 정중표현까지 심화 학습한다.

ならう

**①  ならう**

➡ 배우다(현재)

**②  ならわない**

➡ 배우지 않다(현재 부정)

**③  ならわなかった**

➡ 배우지 않았다(과거 부정)

**④  ならいます**

➡ 배웁니다(공손한 표현)

**⑤  ならいました**

➡ 배웠습니다(공손한 표현의 과거)

**⑥  ならいません**

➡ 배우지 않습니다(공손한 표현의 현재 부정)

**⑦  ならいませんでした**

➡ 배우지 않았습니다(공손한 표현의 과거 부정)

**⑧  ならった**

➡ 배웠다(과거 반말)

⑨ **ならって**
➡ 배우고(~하고/ 연결)

⑩ **ならってから**
➡ 배우고 나서(~하고 나서)

⑪ **ならっている**
➡ 배우고 있다(현재진행)

⑫ **ならっていない**
➡ 배우고 있지 않다(현재진행 부정)

⑬ **ならっていなかった**
➡ 배우고 있지 않았다(과거진행 부정 반말)

⑭ **ならっていなかったです**
➡ 배우고 있지 않았습니다(과거진행 부정의 공손한 표현)

⑮ **ならっています**
➡ 배우고 있습니다(현재진행의 공손한 표현)

⑯ **ならってしまう**
➡ 배워 버리다(~해 버리다)

⑰ **ならってしまわない**
➡ 배워 버리지 않다(~해 버리지 않다)

⑱ **ならってしまわなかった**
➡ 배워 버리지 않았다(~해 버리지 않았다)

⑲ ならってしまわなかったです
➡ 배워 버리지 않았습니다

⑳ ならってしまった
➡ 배워 버렸다

㉑ ならってしまいました
➡ 배워 버렸습니다

㉒ ならってはいけません
➡ 배워서는 안 됩니다

㉓ ならってもいいです
➡ 배워도 좋습니다

㉔ ならったりします
➡ 배우기도 합니다

㉕ ならったら
➡ 배우면

# 동사 활용 심화 25개 연습

## 行く(いく)

1 ➡ _____

2 ➡ _____

3 ➡ _____

4 ➡ _____

5 ➡ _____

6 ➡ _____

7 ➡ _____

8 ➡ _____

9 ➡ _____

10 ➡ _____

11 ➡ _____

12 ➡ _____

⑬ ➡ _____

⑭ ➡ _____

⑮ ➡ _____


⑯ ➡ _____

⑰ ➡ _____

⑱ ➡ _____

⑲ ➡ _____

⑳ ➡ _____

㉑ ➡ _____


㉒ ➡ _____

㉓ ➡ _____

㉔ ➡ _____

㉕ ➡ _____

혼쌤의 일본어 핵심패턴 정복

## 食べる(たべる)

❶ ➡
_____

❷ ➡
_____

❸ ➡
_____


❹ ➡
_____

❺ ➡
_____

❻ ➡
_____

❼ ➡
_____


❽ ➡
_____

❾ ➡
_____

❿ ➡
_____


⓫ ➡
_____

⓬ ➡
_____

⓭ ➡
_____

⑭ ➡ _____

⑮ ➡ _____

⑯ ➡ _____

⑰ ➡ _____

⑱ ➡ _____

⑲ ➡ _____

⑳ ➡ _____

㉑ ➡ _____

㉒ ➡ _____

㉓ ➡ _____

㉔ ➡ _____

㉕ ➡ _____

혼쌤의 일본어 핵심패턴 정복

## 見る(みる)

**①** ➡ _____

_____

**②** ➡ _____

_____

**③** ➡ _____

_____

**④** ➡ _____

**⑤** ➡ _____

**⑥** ➡ _____

**⑦** ➡ _____

**⑧** ➡ _____

**⑨** ➡ _____

**⑩** ➡ _____

**⑪** ➡ _____

**⑫** ➡ _____

**⑬** ➡ _____

⑭ ➡ _____

⑮ ➡ _____

⑯ ➡ _____

⑰ ➡ _____

⑱ ➡ _____

⑲ ➡ _____

⑳ ➡ _____

㉑ ➡ _____

㉒ ➡ _____

㉓ ➡ _____

㉔ ➡ _____

㉕ ➡ _____

혼쌤의 일본어 핵심패턴 정복

する

① ➡

② ➡

③ ➡

④ ➡

⑤ ➡

⑥ ➡

⑦ ➡

⑧ ➡

⑨ ➡

⑩ ➡

⑪ ➡

⑫ ➡

⑬ ➡

⑭ ➡ _____

⑮ ➡ _____

⑯ ➡ _____

⑰ ➡ _____

⑱ ➡ _____

⑲ ➡ _____

⑳ ➡ _____

㉑ ➡ _____

㉒ ➡ _____

㉓ ➡ _____

㉔ ➡ _____

㉕ ➡ _____

혼쌤의 일본어 핵심패턴 정복

## 来る(くる)

❶ ➡ _____

❷ ➡ _____

❸ ➡ _____

❹ ➡ _____

❺ ➡ _____

❻ ➡ _____

❼ ➡ _____

❽ ➡ _____

❾ ➡ _____

❿ ➡ _____

⓫ ➡ _____

⓬ ➡ _____

⓭ ➡ _____

⑭ ➡

⑮ ➡

⑯ ➡

⑰ ➡

⑱ ➡

⑲ ➡

⑳ ➡

㉑ ➡

㉒ ➡

㉓ ➡

㉔ ➡

㉕ ➡

혼쌤의 일본어 핵심패턴 정복

# MEMO

# 독해 : 단문 독해

지금까지 배웠던 형용사, 형용동사, 동사의 활용을 바탕으로 일본어 문장을 공부한다. 품사의 학습을 단편 지식으로만 그치지 않고 바로 응용할 수 있으려면 독해를 풀어 보는 것이 효율적이다. 배운 문법의 내용들이 보다 체계화되어질 수 있고 학습 사항들의 맥이 생기기 때문에 암기의 지속력과 공부의 효과가 훨씬 좋아진다.

## POINT

Q 왜 문법 활용을 이해하고 나서 독해를 해야 하나요?

A 형용사·형용동사·동사·명사, 4품사가 모두 담겨 있는 문장을 통해 문법 이해 사항의 맥락을 통해 좀 더 확실하게 이해하고 암기의 지속력을 갖는 것이 중요하기 때문입니다.

## 단문 독해 1

私は日本語がすきです。日本語はとてもおもしろくて簡単です。日本語を1月から6月まで習いました。まだ下手ですが日本語の勉強がすきです。
来年の四月には日本に行く予定があります。

----

해석  나는 일본어를 좋아합니다. 일본어는 매우 재미있고 간단합니다. 일본어를 1월부터 6월까지 배웠습니다. 아직 서툽니다만 일본어 공부가 좋습니다.
내년 4월에는 일본에 갈 예정이 있습니다.

| 단어 | 予定(よてい) 예정 | 私(わたし) 나 | 勉強(べんきょう) 공부 |
| --- | --- | --- | --- |

## 단문 독해 2

私は学生です。専攻は英語です。日本語も習って日本にも行く予定があります。日本語は漢字があって英語より難しいです。でもおもしろいです。これからももっとべんきょうするつもりです。

---

**해석** 나는 학생입니다. 전공은 영어입니다. 일본어도 배워서 일본에도 갈 예정이 있습니다. 일본어는 한자가 있어서 영어보다 어렵습니다. 하지만 재미있습니다. 이제부터 더 공부할 작정입니다.

| 단어 | 専攻(せんこう) 전공 | 漢字(かんじ) 한자 | ~より ~보다 |
|---|---|---|---|
| | これから 이제부터 | べんきょうする 공부하다 | つもり 작정, 예정 |

## 단문 독해 3

会社が終わってから私は水泳を習います。水泳はとてもたいへんですがおもしろいです。私は運動が好きでじょうずです。でも家の近くのプールは人が多くてせまくてふべんです。もっと広いプールがあったらいいとおもいます。

---

**해석** 회사가 끝나고 나는 수영을 배웁니다. 수영은 매우 힘듭니다만 재미있습니다. 나는 운동을 좋아하고 잘합니다. 하지만 집 근처의 수영장은 사람이 많고 좁아서 불편합니다. 더 넓은 수영장이 있으면 좋다고 생각합니다.

| 단어 | 水泳 (すいえい) 수영 | 近く (ちかく) 근처 |
|---|---|---|

## 단문 독해 4

あしたは日曜日です。それで友だちに会う予定です。友だちに*あって映画を見たり
ごはんをたべたりするよていです。ともだちにあってから図書館に行って勉強もしま
す。週末はとてもたのしいです。

---

**해석** 내일은 일요일입니다. 그래서 친구를 만날 예정입니다. 친구를 만나서 영화를
보기도 하고 밥을 먹기도 할 예정입니다. 친구를 만나고 나서 도서관에 가서 공
부도 합니다. 주말은 매우 즐겁습니다.

| 단어 | あした 내일 | 日曜日(にちようび) 일요일 | 友(とも)だち 친구 |
|---|---|---|---|
| | 図書館(としょかん) 도서관 | 週末(しゅうまつ) 주말 | たのしい 즐겁다 |

\* '만나다'라는 동사는 조사 に를 데리고 다닌다

## 단문 독해 5

日曜日にはなにをしますか。
わたしはふつう映画をみたり友だちにあったりします。ときどき図書館に行って日本
語のべんきょうもします。日曜日はとてもはやくすぎてしまいます。あしたはにちよう
びですから友だちにあってごはんをたべてから図書館にいって日本語の勉強をする
予定です。

---

**해석** 일요일에는 무엇을 합니까?
나는 보통 영화를 보거나 친구를 만나거나 합니다. 때때로 도서관에 가서 일
본어 공부도 합니다. 일요일은 너무 빠르게 지나가 버립니다.내일은 일요일이
기 때문에 친구를 만나서 밥을 먹고 나서 도서관에 가서 일본어 공부를 할 예
정입니다.

| 단어 | なに 무엇 | ふつう 보통 | 映画(えいが) 영화 |
|---|---|---|---|
| | ときどき 때때로 | はやい 빠르다 | すぎてしまう 지나 버리다 |

# MEMO

# unit 11 동사의 가능형 : ~える·~られる

우리말의 '~할 수 있다' '~이 가능하다'라는 표현을 일본어로 익힌다. 각 동사의 종류에 따라 만드는 법이 다르기 때문에 동사 종류별로 활용형 만드는 법 암기!

- 1그룹 동사 : 어미 え단 + ~る
- 2그룹 동사 : ~る 빼고 ~られる
- 3그룹 동사 : する → できる(할 수 있다), くる → こられる(올 수 있다)

## 1그룹 동사 가능형 연습

### 어미 え단 + ~る

| | | |
|---|---|---|
| 立つ(たつ) 서다 | ➡ | 立てる 설 수 있다 |
| 買う(かう) 사다 | ➡ | 買える 살 수 있다 |
| 習う(ならう) 배우다 | ➡ | |
| 会う(あう) 만나다 | ➡ | |
| 言う(いう) 말하다 | ➡ | |
| 使う(つかう) 사용하다 | ➡ | |
| 待つ(まつ) 기다리다 | ➡ | |
| 持つ(もつ) 가지다 | ➡ | |
| 売る(うる) 팔다 | ➡ | |

| | | |
|---|---|---|
| わかる 이해하다 | ➡ | |
| 有る(ある) (물건)있다 (예외) | ➡ | ありうる 있을 수 있다 |
| 降る(ふる) 내리다 | ➡ | |
| 乗る(のる) 타다 | ➡ | |
| 始まる(はじまる) 시작하다 | ➡ | |
| かかる 걸리다 | ➡ | |
| 死ぬ(しぬ) 죽다 | ➡ | |
| 飲む(のむ) 마시다 | ➡ | |
| 選ぶ(えらぶ) 선택하다 | ➡ | |
| 書く(かく) 쓰다 | ➡ | |
| 聞く(きく) 듣다 | ➡ | |
| 急ぐ(いそぐ) 서두르다 | ➡ | |
| 行く(いく) 가다 | ➡ | |
| もらう 받다 | ➡ | |
| 歩く(あるく) 걷다 | ➡ | |
| なる 되다 | ➡ | |
| 話す(はなす) 이야기하다 | ➡ | |
| 泳ぐ(およぐ) 수영하다 | ➡ | |

## 2그룹 동사 가능형 연습

~る → ~られる

| | | |
|---|---|---|
| 見る(みる) 보다 | ➡ | 見られる 볼 수 있다 |
| 食べる(たべる) 먹다 | ➡ | 食べられる 먹을 수 있다 |
| 出かける(でかける) 외출하다 | ➡ | |
| 出る(でる) 나가다 | ➡ | |
| 着る(きる) 입다 | ➡ | |
| 起きる(おきる) 일어나다 | ➡ | |
| 降りる(おりる) 내리다 | ➡ | |
| 寝る(ねる) 자다 | ➡ | |
| いる(사람)있다 | ➡ | |
| かける(전화)걸다 | ➡ | |
| できる 가능하다 | ➡ | |
| 教える(おしえる) 가르치다 | ➡ | |
| 覚える(おぼえる) 외우다, 기억하다 | ➡ | |
| 忘れる(わすれる) 잊(어버리)다 | ➡ | |
| 閉じる(とじる) 닫다 | ➡ | |
| 開ける(あける) 열다 | ➡ | |
| 訪ねる(たずねる) 방문하다 | ➡ | |
| やめる 그만두다 | ➡ | |

| | |
|---|---|
| あげる 주다 | ➡ |
| 答える(こたえる) 대답하다 | ➡ |
| 続ける(つづける) 계속하다 | ➡ |
| 勤める(つとめる) 근무하다 | ➡ |

## 3그룹 동사(불규칙 동사) 가능형 외우기

する → できる 할 수 있다
くる → こられる 올 수 있다

# unit 12  동사의 수동형 : ~れる 및 ~られる

상대방에게 영향을 받게 되어 '~되어지다' '~하게 되다'의 뜻을 갖는 표현으로 일본어는 특히 간접 화법이기 때문에 수동형의 활용 빈도가 높다. 각 동사의 종류별로 접속법이 다르기 때문에 동사별 접속 규칙의 암기가 필요하다.

- 1그룹 동사 : あ단 + ~れる
- 2그룹 동사 : る 빼고 ~られる
- 3그룹 동사 : する 하다 → ~られる 되어지다, くる 오다 → こられる 오게 되다

## 1그룹 동사 수동형 연습

### あ단 + ~れる (단, 어미 う는 われる)

| | | |
|---|---|---|
| 立つ(たつ) 서다 | ➡ | 立たれる 서게 되다 |
| 買う(かう) 사다 | ➡ | 買われる 사게 되어지다, 사지다 |
| 習う(ならう) 배우다 | ➡ | |
| 会う(あう) 만나다 | ➡ | |
| 言う(いう) 말하다 | ➡ | |
| 使う(つかう) 사용하다 | ➡ | |
| 待つ(まつ) 기다리다 | ➡ | |
| 持つ(もつ) 가지다 | ➡ | |

혼쌤의 일본어 핵심패턴 정복

| | |
|---|---|
| 売る(うる) 팔다 | ➡ |
| わかる 이해하다 | ➡ |
| 有る(ある) (물건)있다 | ➡ |
| 降る(ふる) 내리다 | ➡ |
| 乗る(のる) 타다 | ➡ |
| 始まる(はじまる) 시작하다 | ➡ |
| かかる 걸리다 | ➡ |
| 死ぬ(しぬ) 죽다 | ➡ |
| 飲む(のむ) 마시다 | ➡ |
| 選ぶ(えらぶ) 선택하다 | ➡ |
| 書く(かく) 쓰다 | ➡ |
| 聞く(きく) 듣다 | ➡ |
| 急ぐ(いそぐ) 서두르다 | ➡ |
| 行く(いく) 가다 | ➡ |
| もらう 받다 | ➡ |
| 歩く(あるく) 걷다 | ➡ |
| なる 되다 | ➡ |
| 話す(はなす) 이야기하다 | ➡ |
| 泳ぐ(およぐ) 수영하다 | ➡ |

## 2그룹 동사 수동형 연습

~る → ~られる

| | | |
|---|---|---|
| 見る(みる) 보다 | ➡ | 見られる 보게 되어지다 |
| 食べる(たべる) 먹다 | ➡ | 食べられる 먹게 되어지다 |
| 出かける(でかける) 외출하다 | ➡ | |
| 出る(でる) 나가다 | ➡ | |
| 着る(きる) 입다 | ➡ | |
| 起きる(おきる) 일어나다 | ➡ | |
| 降りる(おりる) 내리다 | ➡ | |
| 寝る(ねる) 자다 | ➡ | |
| いる(사람)있다 | ➡ | |
| かける(전화)걸다 | ➡ | |
| できる 가능하다 | ➡ | |
| 教える(おしえる) 가르치다 | ➡ | |
| 覚える(おぼえる) 외우다, 기억하다 | ➡ | |
| 忘れる(わすれる) 잊(어버리)다 | ➡ | |
| 閉じる(とじる) 닫다 | ➡ | |
| 開ける(あける) 열다 | ➡ | |
| 訪ねる(たずねる) 방문하다 | ➡ | |
| やめる 그만두다 | ➡ | |

| | |
|---|---|
| あげる 주다 | ➡ |
| 答える(こたえる) 대답하다 | ➡ |
| 続ける(つづける) 계속하다 | ➡ |
| 勤める(つとめる) 근무하다 | ➡ |

## 3그룹 동사(불규칙 동사) 수동형 외우기

する → される ~하게 되어지다

くる → こられる 오게 되어지다

# unit 13  동사의 사역형 : ~せる？, ~させる

타인에게 '~하게 하다' '~을 시키다'의 뜻을 나타내는 것을 사역형이라고 한다. 사역형도 수동형과 마찬가지로 동사별 규칙이 다르므로 동사별 접속 방법을 알아 둔다.

- 1그룹 동사 : 동사 어미를 あ단 + ~せる
- 2그룹 동사 : ~る 빼고 ~させる
- 3그룹 동사 : する → させる ~하게 하다, くる → こさせる 오게 하다

## 1그룹 동사 사역형 연습

### 어미 あ단 + ~せる (단, 어미 う는 わせる)

| | |
|---|---|
| 立つ(たつ) 서다 | ➡  たたせる 서게 하다 |
| 買う(かう) 사다 | ➡  かわせる 사게 하다 |
| 習う(ならう) 배우다 | ➡ |
| 会う(あう) 만나다 | ➡ |
| 言う(いう) 말하다 | ➡ |
| 使う(つかう) 사용하다 | ➡ |
| 待つ(まつ) 기다리다 | ➡ |
| 持つ(もつ) 가지다 | ➡ |
| 売る(うる) 팔다 | ➡ |

혼쌤의 일본어 핵심패턴 정복

| | |
|---|---|
| わかる 이해하다 | ➡ |
| 有る(ある) (물건)있다 | ➡ |
| 降る(ふる) 내리다 | ➡ |
| 乗る(のる) 타다 | ➡ |
| 始まる(はじまる) 시작하다 | ➡ |
| かかる 걸리다 | ➡ |
| 死ぬ(しぬ) 죽다 | ➡ |
| 飲む(のむ) 마시다 | ➡ |
| 選ぶ(えらぶ) 선택하다 | ➡ |
| 書く(かく) 쓰다 | ➡ |
| 聞く(きく) 듣다 | ➡ |
| 急ぐ(いそぐ) 서두르다 | ➡ |
| 行く(いく) 가다 | ➡ |
| もらう 받다 | ➡ |
| 歩く(あるく) 걷다 | ➡ |
| なる 되다 | ➡ |
| 話す(はなす) 이야기하다 | ➡ |
| 泳ぐ(およぐ) 수영하다 | ➡ |

# 2그룹 동사 사역형 연습

## ~る → ~させる

| | |
|---|---|
| 見る(みる) 보다 | ➡ 見させる 보게 하다 |
| 食べる(たべる) 먹다 | ➡ 食べさせる 먹게 하다 |
| 出かける(でかける) 외출하다 | ➡ |
| 出る(でる) 나가다 | ➡ |
| 着る(きる) 입다 | ➡ |
| 起きる(おきる) 일어나다 | ➡ |
| 降りる(おりる) 내리다 | ➡ |
| 寝る(ねる) 자다 | ➡ |
| いる(사람)있다 | ➡ |
| かける(전화)걸다 | ➡ |
| できる 가능하다 | ➡ |
| 教える(おしえる) 가르치다 | ➡ |
| 覚える(おぼえる) 외우다, 기억하다 | ➡ |
| 忘れる(わすれる) 잊(어버리)다 | ➡ |
| 閉じる(とじる) 닫다 | ➡ |
| 開ける(あける) 열다 | ➡ |
| 訪ねる(たずねる) 방문하다 | ➡ |
| やめる 그만두다 | ➡ |

혼쌤의 일본어 핵심패턴 정복

| | |
|---|---|
| あげる 주다 | ➡ |
| 答える(こたえる) 대답하다 | ➡ |
| 続ける(つづける) 계속하다 | ➡ |
| 勤める(つとめる) 근무하다 | ➡ |

## 3그룹 동사(불규칙 동사) 사역형 외우기

する → させる 하게 하다
くる → こさせる 오게 하다

# unit 14 동사의 사역수동 : ~させられる

하기 싫은 일을 억지로 하게 될 때 사용하는 표현. 수동형과 사역형의 두 가지 형태를 합쳐 놓은 형태이다. 각 동사별 규칙이 있으므로 동사 종류에 따른 규칙 암기하기!

- 1그룹 동사 : 동사 어미를 あ단 + ~せられる (~される로 축약 가능)
- 2그룹 동사 : ~る 빼고 ~させられる
- 3그룹 동사 : する → させられる (어쩔 수 없이) ~하게 되다
          くる → こさせられる (어쩔 수 없이) 오게 되다

## 1그룹 동사 사역수동 연습

### 어미 あ단 + ~せられる (단, うは わせられる)

| | |
|---|---|
| 立つ(たつ) 서다 | ➡ 立たせられる (어쩔 수 없이) 서게 되어지다 |
| 買う(かう) 사다 | ➡ かわせられる 사게 되다 |
| 習う(ならう) 배우다 | ➡ |
| 会う(あう) 만나다 | ➡ |
| 言う(いう) 말하다 | ➡ |
| 使う(つかう) 사용하다 | ➡ |
| 待つ(まつ) 기다리다 | ➡ |
| 持つ(もつ) 가지다 | ➡ |

| | |
|---|---|
| 売る(うる) 팔다 | ➡ |
| わかる 이해하다 | ➡ |
| 有る(ある) (물건)있다 | ➡ |
| 降る(ふる) 내리다 | ➡ |
| 乗る(のる) 타다 | ➡ |
| 始まる(はじまる) 시작하다 | ➡ |
| かかる 걸리다 | ➡ |
| 死ぬ(しぬ) 죽다 | ➡ |
| 飲む(のむ) 마시다 | ➡ |
| 選ぶ(えらぶ) 선택하다 | ➡ |
| 書く(かく) 쓰다 | ➡ |
| 聞く(きく) 듣다 | ➡ |
| 急ぐ(いそぐ) 서두르다 | ➡ |
| 行く(いく) 가다 | ➡ |
| もらう 받다 | ➡ |
| 歩く(あるく) 걷다 | ➡ |
| なる 되다 | ➡ |
| 話す(はなす) 이야기하다 | ➡ |
| 泳ぐ(およぐ) 수영하다 | ➡ |

## 2그룹 동사 사역수동 연습

~る → ~させられる

| | | |
|---|---|---|
| 見る(みる) 보다 | ➡ | 見させられる (어쩔 수 없이) 보게 되다 |
| 食べる(たべる) 먹다 | ➡ | 食べさせられる (어쩔 수 없이) 먹게 되다 |
| 出かける(でかける) 외출하다 | ➡ | |
| 出る(でる) 나가다 | ➡ | |
| 着る(きる) 입다 | ➡ | |
| 起きる(おきる) 일어나다 | ➡ | |
| 降りる(おりる) 내리다 | ➡ | |
| 寝る(ねる) 자다 | ➡ | |
| いる(사람)있다 | ➡ | |
| かける(전화)걸다 | ➡ | |
| できる 가능하다 | ➡ | |
| 教える(おしえる) 가르치다 | ➡ | |
| 覚える(おぼえる) 외우다, 기억하다 | ➡ | |
| 忘れる(わすれる) 잊(어버리)다 | ➡ | |
| 閉じる(とじる) 닫다 | ➡ | |
| 開ける(あける) 열다 | ➡ | |
| 訪ねる(たずねる) 방문하다 | ➡ | |
| やめる 그만두다 | ➡ | |

| | |
|---|---|
| あげる 주다 | ➡ |
| 答える(こたえる) 대답하다 | ➡ |
| 続ける(つづける) 계속하다 | ➡ |
| 勤める(つとめる) 근무하다 | ➡ |

## 3그룹 동사(불규칙 동사) 사역수동 외우기

する → させられる (어쩔 수 없이) 하게 되다
くる → こさせられる (어쩔 수 없이) 오게 되다

# unit 15 형용사, 형용동사, 동사의 양태와 전문

일본어의 세 품사 형용사, 형용동사, 동사는 '~일 것 같다'(양태)와 '~라고 한다'(전문)의 두 가지 표현을 만드는 규칙이 있다. 양태 표현이라고 하는 것은 '~일 것 같다'라고 하는 추측의 표현을 말한다. 예로 '이 요리는 맛있을 것 같다' 라든지 다나카 씨는 '성실할 것 같다' 와 같이 '~인 듯하다'로 추측할 때 そうだ의 양태 표현이 사용된다.

전문 표현은 '~라고 한다'로 남의 말을 전하는 문장을 말한다. 전문 표현에도 일본어의 세 품사 형용사, 형용동사, 동사의 만드는 규칙이 따로 있다.

## 🌸 そうだ의 두 가지 의미
- 양태의 의미 : '~일 것 같다'의 **추측**의 의미를 나타낼 때 사용
- 전문의 의미 : '~라고 한다'의 다른 사람의 말을 **전할 때** 사용

## 🌸 そうだ의 양태(추측 표현) 만드는 방법
- 형용사 : 형용사 어간(~い를 제외) + そうだ
- 형용동사 : ~だ 빼고 + そうだ
- 동사 : ます형 + そうだ

## 형용사 양태 연습

### 형용사 어간(맨 끝의 い를 뗀 형태) + そうだ

| | |
|---|---|
| 高い(たかい) 비싸다 | ➡ たかそうだ 비쌀 것 같다 |
| 安い(やすい) 싸다 | ➡ やすそうだ 쌀 것 같다 |
| 高い(たかい) 높다 | ➡ |

| | |
|---|---|
| 低い(ひくい) 낮다 | ➡ |
| 美味しい(おいしい) 맛있다 | ➡ |
| 大きい(おおきい) 크다 | ➡ |
| 小さい(ちいさい) 작다 | ➡ |
| 難しい(むずかしい) 어렵다 | ➡ |
| 易しい(やさしい) 쉽다 | ➡ |
| 新しい(あたらしい) 새롭다 | ➡ |
| 古い(ふるい) 오래되다 | ➡ |
| 長い(ながい) 길다 | ➡ |
| 短い(みじかい) 짧다 | ➡ |
| 多い(おおい) 많다 | ➡ |
| 少ない(すくない) 적다 | ➡ |
| 広い(ひろい) 넓다 | ➡ |
| 狭い(せまい) 좁다 | ➡ |
| 面白い(おもしろい) 재미있다 | ➡ |
| つまらない 시시하다 | ➡ |
| 良い(いい) 좋다 | ➡ |
| 悪い(わるい) 나쁘다 | ➡ |

## 형용동사 양태 연습

### 형용동사 어간(맨 끝의 だ를 뺀 형태) + そうだ

| | |
|---|---|
| 静かだ(しずかだ) 조용하다 | ➡ 静かそうだ 조용할 것 같다 |
| 綺麗だ(きれいだ) 예쁘다 | ➡ 綺麗そうだ 예쁠 것 같다 |
| 便利だ(べんりだ) 편리하다 | ➡ |
| 不便だ(ふべんだ) 불편하다 | ➡ |
| 好きだ(すきだ) 좋아하다 | ➡ |
| 嫌いだ(きらいだ) 싫어하다 | ➡ |
| 大事だ(だいじだ) 소중하다 | ➡ |
| 大丈夫だ(だいじょうぶだ) 괜찮다 | ➡ |
| 簡単だ(かんたんだ) 간단하다 | ➡ |
| 複雑だ(ふくざつだ) 복잡하다 | ➡ |
| 真面目だ(まじめだ) 성실하다 | ➡ |
| 心配だ(しんぱいだ) 걱정이다 | ➡ |
| 駄目だ(だめだ) 안 된다(금지) | ➡ |
| 上手だ(じょうずだ) 능숙하다 | ➡ |
| 下手だ(へただ) 미숙하다 | ➡ |
| 暇だ(ひまだ) 한가하다 | ➡ |
| 親切だ(しんせつだ) 친절하다 | ➡ |
| 元気だ(げんきだ) 건강하다 | ➡ |

| | | |
|---|---|---|
| 大変だ(たいへんだ) 힘들다 | ➡ | |
| 可愛そうだ(かわいそうだ) 불쌍하다 | ➡ | |

## 동사 양태 연습

### ❀ 동사 ます형 + そうだ

### ❀ 1그룹 동사

동사 어미 い단 + そうだ

| | | |
|---|---|---|
| 立つ(たつ) 서다 | ➡ | たちそうだ 설 것 같다 |
| 買う(かう) 사다 | ➡ | かいそうだ 살 것 같다 |
| 習う(ならう) 배우다 | ➡ | |
| 会う(あう) 만나다 | ➡ | |
| 言う(いう) 말하다 | ➡ | |
| 使う(つかう) 사용하다 | ➡ | |
| 待つ(まつ) 기다리다 | ➡ | |
| 持つ(もつ) 가지다 | ➡ | |
| 売る(うる) 팔다 | ➡ | |
| わかる 이해하다 | ➡ | |
| 有る(ある) (물건)있다 | ➡ | |
| 降る(ふる) 내리다 | ➡ | |
| 乗る(のる) 타다 | ➡ | |

| | |
|---|---|
| 始まる(はじまる) 시작하다 | ➡ |
| かかる 걸리다 | ➡ |
| 死ぬ(しぬ) 죽다 | ➡ |
| 飲む(のむ) 마시다 | ➡ |
| 選ぶ(えらぶ) 선택하다 | ➡ |
| 書く(かく) 쓰다 | ➡ |
| 聞く(きく) 듣다 | ➡ |
| 急ぐ(いそぐ) 서두르다 | ➡ |
| 行く(いく) 가다 | ➡ |
| もらう 받다 | ➡ |
| 歩く(あるく) 걷다 | ➡ |
| なる 되다 | ➡ |
| 話す(はなす) 이야기하다 | ➡ |
| 泳ぐ(およぐ) 수영하다 | ➡ |

## ❀ 2그룹 동사

~る 빼고 + そうだ

| | | |
|---|---|---|
| 見る(みる) 보다 | ➡ | みそうだ 볼 것 같다 |
| 食べる(たべる) 먹다 | ➡ | たべそうだ 먹을 것 같다 |
| 出かける(でかける) 외출하다 | ➡ | |
| 出る(でる) 나가다 | ➡ | |

| | |
|---|---|
| 着る(きる) 입다 | ➡ |
| 起きる(おきる) 일어나다 | ➡ |
| 降りる(おりる) 내리다 | ➡ |
| 寝る(ねる) 자다 | ➡ |
| いる(사람)있다 | ➡ |
| かける(전화)걸다 | ➡ |
| できる 가능하다 | ➡ |
| 教える(おしえる) 가르치다 | ➡ |
| 覚える(おぼえる) 외우다, 기억하다 | ➡ |
| 忘れる(わすれる) 잊(어버리)다 | ➡ |
| 閉じる(とじる) 닫다 | ➡ |
| 開ける(あける) 열다 | ➡ |
| 訪ねる(たずねる) 방문하다 | ➡ |
| やめる 그만두다 | ➡ |
| あげる 주다 | ➡ |
| 答える(こたえる) 대답하다 | ➡ |
| 続ける(つづける) 계속하다 | ➡ |
| 勤める(つとめる) 근무하다 | ➡ |

## ✿ 3그룹 동사 (불규칙)

する → しそうだ 할 것 같다

くる → きそうだ 올 것 같다

## ✿ そうだ의 전문 표현 만드는 방법

형용사, 형용동사, 동사의 모두 원형 접속

- 형용사 : 형용사 원형 + そうだ
- 형용동사 : 형용동사 원형 + そうだ
- 동사 : 1그룹 동사 원형 ─┐
　　　　2그룹 동사 원형 ─┤ + そうだ
　　　　3그룹 동사 원형 ─┘

# 형용사 전문 연습

## 형용사 원형 + そうだ

| | | |
|---|---|---|
| 高い(たかい) 비싸다 | ➡ | 高いそうだ 비싸다고 한다 |
| 安い(やすい) 싸다 | ➡ | 安いそうだ 싸다고 한다 |
| 高い(たかい) 높다 | ➡ | |
| 低い(ひくい) 낮다 | ➡ | |
| 美味しい(おいしい) 맛있다 | ➡ | |
| 大きい(おおきい) 크다 | ➡ | |
| 小さい(ちいさい) 작다 | ➡ | |
| 難しい(むずかしい) 어렵다 | ➡ | |
| 易しい(やさしい) 쉽다 | ➡ | |
| 新しい(あたらしい) 새롭다 | ➡ | |
| 古い(ふるい) 오래되다 | ➡ | |

| | |
|---|---|
| 長い(ながい) 길다 | ➡ |
| 短い(みじかい) 짧다 | ➡ |
| 多い(おおい) 많다 | ➡ |
| 少ない(すくない) 적다 | ➡ |
| 広い(ひろい) 넓다 | ➡ |
| 狭い(せまい) 좁다 | ➡ |
| 面白い(おもしろい) 재미있다 | ➡ |
| つまらない 시시하다 | ➡ |
| 良い(いい) 좋다 | ➡ |
| 悪い(わるい) 나쁘다 | ➡ |

## 형용동사 전문 연습

### 형용동사 원형 + そうだ

| | |
|---|---|
| 静かだ(しずかだ) 조용하다 | ➡ 静かだそうだ 조용하다고 한다 |
| 綺麗だ(きれいだ) 예쁘다 | ➡ 綺麗だそうだ 예쁘다고 한다 |
| 便利だ(べんりだ) 편리하다 | ➡ |
| 不便だ(ふべんだ) 불편하다 | ➡ |
| 好きだ(すきだ) 좋아하다 | ➡ |
| 嫌いだ(きらいだ) 싫어하다 | ➡ |

| | |
|---|---|
| 大事だ(だいじだ) 소중하다 | ➡ |
| 大丈夫だ(だいじょうぶだ) 괜찮다 | ➡ |
| 簡単だ(かんたんだ) 간단하다 | ➡ |
| 複雑だ(ふくざつだ) 복잡하다 | ➡ |
| 真面目だ(まじめだ) 성실하다 | ➡ |
| 心配だ(しんぱいだ) 걱정이다 | ➡ |
| 駄目だ(だめだ) 안 된다(금지) | ➡ |
| 上手だ(じょうずだ) 능숙하다 | ➡ |
| 下手だ(へただ) 미숙하다 | ➡ |
| 暇だ(ひまだ) 한가하다 | ➡ |
| 親切だ(しんせつだ) 친절하다 | ➡ |
| 元気だ(げんきだ) 건강하다 | ➡ |
| 大変だ(たいへんだ) 힘들다 | ➡ |
| 可愛そうだ(かわいそうだ) 불쌍하다 | ➡ |

# 동사 전문 연습

## ❀ 1그룹 동사

> 동사 원형 + そうだ

| | | |
|---|---|---|
| 立つ(たつ) 서다 | ➡ | 立つそうだ 선다고 한다 |
| 買う(かう) 사다 | ➡ | 買うそうだ 산다고 한다 |
| 習う(ならう) 배우다 | ➡ | |
| 会う(あう) 만나다 | ➡ | |
| 言う(いう) 말하다 | ➡ | |
| 使う(つかう) 사용하다 | ➡ | |
| 待つ(まつ) 기다리다 | ➡ | |
| 持つ(もつ) 가지다 | ➡ | |
| 売る(うる) 팔다 | ➡ | |
| わかる 이해하다 | ➡ | |
| 有る(ある) (물건)있다 | ➡ | |
| 降る(ふる) 내리다 | ➡ | |
| 乗る(のる) 타다 | ➡ | |
| 始まる(はじまる) 시작하다 | ➡ | |
| かかる 걸리다 | ➡ | |
| 死ぬ(しぬ) 죽다 | ➡ | |
| 飲む(のむ) 마시다 | ➡ | |

| | |
|---|---|
| 選ぶ(えらぶ) 선택하다 | ➡ |
| 書く(かく) 쓰다 | ➡ |
| 聞く(きく) 듣다 | ➡ |
| 急ぐ(いそぐ) 서두르다 | ➡ |
| 行く(いく) 가다 | ➡ |
| もらう 받다 | ➡ |
| 歩く(あるく) 걷다 | ➡ |
| なる 되다 | ➡ |
| 話す(はなす) 이야기하다 | ➡ |
| 泳ぐ(およぐ) 수영하다 | ➡ |

## ❀ 2그룹 동사

**동사 원형 + そうだ**

| | |
|---|---|
| 見る(みる) 보다 | ➡ 見るそうだ 본다고 한다 |
| 食べる(たべる) 먹다 | ➡ 食べるそうだ 먹는다고 한다 |
| 出かける(でかける) 외출하다 | ➡ |
| 出る(でる) 나가다 | ➡ |
| 着る(きる) 입다 | ➡ |
| 起きる(おきる) 일어나다 | ➡ |
| 降りる(おりる) 내리다 | ➡ |

| | |
|---|---|
| 寝る(ねる) 자다 | ➡ |
| いる(사람)있다 | ➡ |
| かける(전화)걸다 | ➡ |
| できる 가능하다 | ➡ |
| 教える(おしえる) 가르치다 | ➡ |
| 覚える(おぼえる) 외우다, 기억하다 | ➡ |
| 忘れる(わすれる) 잊(어버리)다 | ➡ |
| 閉じる(とじる) 닫다 | ➡ |
| 開ける(あける) 열다 | ➡ |
| 訪ねる(たずねる) 방문하다 | ➡ |
| やめる 그만두다 | ➡ |
| あげる 주다 | ➡ |
| 答える(こたえる) 대답하다 | ➡ |
| 続ける(つづける) 계속하다 | ➡ |
| 勤める(つとめる) 근무하다 | ➡ |

## ❀ 3그룹 동사 (불규칙)

동사 원형 + そうだ

する → するそうだ 한다고 한다

くる → くるそうだ 온다고 한다

### 문제 1

高橋さんのお子さんは大学に合格した<u>そうです</u>。(같은 용법 찾기)

① あの映画は面白<u>そう</u>ですね。

② 彼は背がとても高い<u>そうだ</u>。

③ このビルは今にも崩れ<u>そうで</u>危ない。

④ 彼女はあまり元気<u>そう</u>ではありません。

### 문제 2

こんなにいい天気なのだから、明日も雨は<u>降りそうもない</u>。(같은 의미 찾기)
<br>そうだ의 부정

① 明日は雨が降らないと思う。

② 明日は雨が降る。

③ 明日は雨が降るそうだ。

④ 明日、雨が降っては困る

明日は雨だそうです。(같은 용법 찾기)

① 今日は成功しそうな予感がします

② あの映画はおもしろいそうです。

③ この本がよさそうです。

④ その靴は上等そうですね。

정답  ②, ①, ②

# unit 16 동사의 수동형, 사역형, 가능형 총연습

이 세 가지 표현 수동형, 사역형, 가능형의 활용이 정확히 숙지가 되어 있어야 일본어의 중급으로의 이동이 가능하다. 이 표현들을 전체적으로 볼 수 있는 안목을 기름으로써 회화 실력도 눈부시게 증진된다. 앞서 배운 부분의 총망라로 중요 활용 구문을 한데 모았다.

## 동사 활용 심화 25개

習う(ならう)

· 수동형

❶ ならわれる
➡ 배우게 되다

❷ ならわれた
➡ 배우게 되었다

❸ ならわれました
➡ 배우게 되어졌습니다

❹ ならわれない
➡ 배워지지 않다

❺ ならわれなかった
➡ 배워지지 않았다

⑥ ならわれなかったです

➡ 배워지지 않았습니다

⑦ ならわれて

➡ 배워지게 되고

⑧ ならわれてしまう

➡ 배워지게 되어 버리다

⑨ ならわれてしまった

➡ 배워지게 되어 버렸다

⑩ ならわれてしまいました

➡ 배워지게 되어 버렸습니다

· 사역형

❶ ならわせる

➡ 배우게 하다

❷ ならわせた

➡ 배우게 했다

❸ ならわせました

➡ 배우게 했습니다

④ ならわせない

　➡ 배우게 하지 않다

⑤ ならわせなかった

　➡ 배우게 하지 않았다

⑥ ならわせなかったです

　➡ 배우게 하지 않았습니다

⑦ ならわせてしまう

　➡ 배우게 해 버리다

⑧ ならわせてしまった

　➡ 배우게 해 버렸다

⑨ ならわせてしまったです

　➡ 배우게 해 버렸습니다

⑩ ならわせてしまいました

　➡ 배우게 해 버렸습니다

· 가능형

❶ ならえる

　➡ 배울 수 있다

❷ ならえます

　➡ 배울 수 있습니다

③ ならえない

➡ 배울 수 없다

④ ならえなかった

➡ 배울 수 없었다

⑤ ならえなかったです

➡ 배울 수 없었습니다

• そうだ

❶ ならえるそうです(전문)

➡ 배울 수 있다고 합니다

❷ ならえそうです(양태)

➡ 배울 수 있을 것 같습니다

## 동사의 중급 활용편 총정리 연습

### ❀ 1그룹 동사

行く(いく)

• 수동형

❶ ➡

❷ ➡

③ ➡ _____

④ ➡ _____

⑤ ➡ _____

⑥ ➡ _____

⑦ ➡ _____

⑧ ➡ _____

⑨ ➡ _____

⑩ ➡ _____

· 사역형

❶ ➡ _____

❷ ➡ _____

❸ ➡ _____

❹ ➡ _____

❺ ➡ _____

횬쌤의 일본어 핵심패턴 정복

⑥ ➡ _____

_____

⑦ ➡ _____

_____

⑧ ➡ _____

_____

⑨ ➡ _____

_____

⑩ ➡ _____

_____

## ・ 가능형

❶ ➡ _____

_____

❷ ➡ _____

_____

❸ ➡ _____

_____

❹ ➡ _____

_____

❺ ➡ _____

_____

## ・ そうだ

❶ ➡ _____

_____

❷ ➡ _____

_____

# 🌸 2그룹 동사

食べる(たべる)

• 수동형

❶ ➡ _____

❷ ➡ _____

❸ ➡ _____

❹ ➡ _____

❺ ➡ _____

❻ ➡ _____

❼ ➡ _____

❽ ➡ _____

❾ ➡ _____

❿ ➡ _____

- 사역형

❶ ➡ _____

❷ ➡ _____

❸ ➡ _____

❹ ➡ _____

❺ ➡ _____

❻ ➡ _____

❼ ➡ _____

❽ ➡ _____

❾ ➡ _____

❿ ➡ _____

- 가능형

❶ ➡ _____

❷ ➡ _____

③ ➡

④ ➡

⑤ ➡


・ そうだ

❶ ➡

❷ ➡


見る(みる)

・ 수동형

❶ ➡

❷ ➡

❸ ➡

❹ ➡

❺ ➡

❻ ➡

⑦ ➡ _____

⑧ ➡ _____

⑨ ➡ _____

⑩ ➡ _____

· 사역형

❶ ➡ _____

❷ ➡ _____

❸ ➡ _____

❹ ➡ _____

❺ ➡ _____

❻ ➡ _____

❼ ➡ _____

❽ ➡ _____

❾ ➡ _____

❿ ➡ _____

・ 가능형

❶ ➡ _____

❷ ➡ _____

❸ ➡ _____

❹ ➡ _____

❺ ➡ _____


・ そうだ

❶ ➡ _____

❷ ➡ _____


出る(でる)

・ 수동형

❶ ➡ _____

❷ ➡ _____

❸ ➡ _____

혼쌤의 일본어 핵심패턴 정복

④ ➡ _____
_____

⑤ ➡ _____
_____

⑥ ➡ _____
_____


❼ ➡ _____
_____

❽ ➡ _____
_____

⑨ ➡ _____
_____

⑩ ➡ _____
_____


· 사역형

❶ ➡ _____
_____

❷ ➡ _____
_____

❸ ➡ _____
_____

❹ ➡ _____
_____

⑤ ➡ _____
_____

⑥ ➡ _____
_____

❼ ➡ _____
_____

⑧ ➡ _____

⑨ ➡ _____

⑩ ➡ _____


· 가능형

❶ ➡ _____

❷ ➡ _____


❸ ➡ _____

❹ ➡ _____

❺ ➡ _____


· そうだ

❶ ➡ _____

❷ ➡ _____

# MEMO

# unit 17 독해 : 중문 독해

지금까지 배웠던 세 품사의 활용에 대한 이해를 바탕으로 중급에 사용되는 구문까지 익혔다. 이를 활용한 긴 지문 독해에도 도전해 보자!

다음은 독서의 효과에 대한 글이다. 이 글을 통해 독서의 효과에 대한 배경 지식도 쌓고 일본어 공부도 가능한 일석이조, 일거양득의 공부를 시작해 보자.

## 실전 독해

> **読書の効果**
>
> まずは、読書がもたらすさまざまな効果をご紹介します。

### 어휘

| | |
|---|---|
| 読書(どくしょ) 독서 | 効果(こうか) 효과 |
| まず 우선 | さまざまな 여러 가지의, 다양한 |
| もたらす 초래하다, 가져오다 | 紹介(しょうかい) 소개 |

> ❶ ストレスが解消される    *고유명사 - 영국의 대학이름
>
> 読書の効果としては、ストレス解消が挙げられます。本を読んで心が安らいだ経験は誰しもあると思いますが、実は、読書のリラックス効果は科学的に認められているのです。
>
> 英國のサセックス大学*は2009年、読書によるストレス解消効果を発表しました。心拍数や筋肉の緊張状態からストレスを計測した結果、ストレスが68％も減少することがわ

혼쌤의 일본어 핵심패턴 정복

かったそうです。これは、音楽鑑賞やコーヒーなど、ほかのあらゆるストレス解消法を上回る数値なのだそうです。

読書のストレス軽減効果は、「ビブリオセラピー（読書療法）」として実用化されています。ビブリオセラピーとは、牧師で人気エッセイストでもあったサミュエル・マッコード・クローザーズ氏が提唱した概念で、読書によって病気の治癒を図る心理療法です。自分の状態に適した本を読むことで、行動をよい方向に変えたり、苦痛を減らしたりするなどの効果が期待できるのだそうです。

ビブリオセラピーは、けして「うさんくさい」ものではありません。すでに英国では、薬の代わりに本が処方されるシステムが2013年に認可されました。

多くのストレスを抱えている方は、ゆったりと過ごせる時間を確保して、本の世界に身を委ねてみてはいかがでしょうか。

**어휘**

| | |
|---|---|
| ストレス 스트레스 | 思う(おもう) 생각하다 |
| 解消(かいしょう) 해소 | 実は(じつは) 사실은, 실은 |
| される する의 수동형 | リラックス 릴렉스, 안정, 휴식 |
| として ~로서 | 科学的(かがくてき) 과학적 |
| 挙げる(あげる) 예를 들다 | 認める(みとめる) 인정하다 |
| 本(ほん) 책 | 大学(だいがく) 대학 |
| 読む(よむ) 읽다 | ～による ~에 의하다 |
| 心(こころ) 마음 | 発表(はっぴょう) 발표 |
| 安らぐ(やすらぐ) 편안해지다, 평온해지다 | 心拍数(しんぱくすう) 심박수 |
| 経験(けいけん) 경험 | 筋肉(きんにく) 근육 |
| 誰しも(だれしも) 누구든지, 누구라도 | 緊張(きんちょう) 긴장 |

| | |
|---|---|
| 状態(じょうたい) 상태 | 方向(ほうこう) 방향 |
| 計測する(けいそくする) 계측하다 | 変える(かえる) 바꾸다 |
| 減少する(げんしょうする) 감소하다 | 苦痛(くつう) 고통 |
| これ 이것 | 減らす(へらす) 줄이다 |
| 音楽鑑賞(おんがくかんしょう) 음악감상 | 期待(きたい) 기대 |
| コーヒー 커피 | できる 할 수 있다 |
| など 등 | うさんくさい 어쩐지 수상하다, 의심스럽다 |
| ほか 밖에 | もの 물건, 것 |
| あらゆる 온갖, 모두 | すでに 이미, 벌써 |
| 上回る(うわまわる) 상회하다 | 英国(えいこく) 영국 |
| 数値(すうち) 수치 | 薬(くすり) 약 |
| ～だそうです ~라고 합니다 | ～の代わりに(のかわりに) ~대신에 |
| 軽減(けいげん) 경감 | 処方(しょほう) 처방 |
| 療法(りょうほう) 요법 | システム 시스템 |
| 実用化(じつようか) 실용화 | 認可(にんか) 인가 |
| ～とは ~라는 것은 | 多く(おおく) 많다 |
| 牧師(ぼくし) 목사 | 抱える(かかえる) 떠안다 |
| 人気(にんき) 인기 | ゆったりと 마음 넉넉하게, 편하게, 여유 있게 |
| エッセイスト 에세이스트 | 過ごせる(すごせる) (시간)보낼 수 있다 |
| 提唱(ていしょう) 제창 | 時間(じかん) 시간 |
| 概念(がいねん) 개념 | 確保(かくほ) 확보 |
| 病気(びょうき) 병 | 世界(せかい) 세계 |
| 治癒(ちゆ) 치유 | 委ねて(ゆだねる) 맡기다, 바치다 |
| 図る(はかる) 도모하다, 계획하다 | いかがでしょうか 어떻습니까 |
| 心理療法(しんりりょうほう) 심리요법 | 自分(じぶん) 자신, 스스로 |
| 適する(てきする) 알맞다, 적당하다, 합당하다 | こと 일, 것, 경험 |
| 行動(こうどう) 행동 | |

❷ 創造力が磨かれる

創造力が磨かれることも、読書がもたらす効果のひとつです。脳生理学者の酒井邦嘉氏によると、読書をするとき、脳はほかの活動とは違う特別な使い方をされるため、創造力が鍛えられるのだそう。

たとえば、川端康成の『雪国』で「トンネルを抜けると雪国であった。夜の底が白くなった。」という文章を読んだら、「いったいどんな雪国だろう?」「夜の底が白いというのはどんな風景だろう?」と能動的にイメージを膨らませますよね。このように、文字情報をもとに想像を膨らませたり考えを構築したりすることは、創造力の鍛錬になるのです。

創造力は、新しい企画・アイデアを出すときや、問題の解決方法をひねり出すときなど、仕事・学習・日常生活のあらゆる場面においてなくてはならない能力です。創造力がないと、与えられた情報や指示以上のことを自分で生み出せない「マニュアル人間」になってしまう恐れがあります。

アイデアを出したり、自分の頭で考えたりすることに苦手な意識のある方は、ぜひ読書習慣を身につけ、創造力を磨いてみてはいかがでしょうか。

## 어휘

| | |
|---|---|
| 創造力(そうぞうりょく) 창의력 | いったい 도대체 |
| 磨く(みがく) 단련하다 | どんな 어떠한 |
| ひとつ 한 개 | 白い(しろい) 하얗다 |
| 脳生理学者(のうせいりがくしゃ) 뇌생리학자 | 風景(ふうけい) 풍경 |
| 脳(のう) 뇌 | 能動的(のうどうてき) 능동적 |
| 活動(かつどう) 활동 | 膨らむ(ふくらむ) 부풀다 |
| 違う(ちがう) 다르다 | 文字(もじ) 문자 |
| 特別(とくべつ) 특별 | 情報(じょうほう) 정보 |
| 使い方(つかいかた) 사용법 | 〜をもとに ~을 근본으로 |
| 鍛える(きたえる) 단련하다 | 想像(たいしょう) 대상 |
| たとえば 예를 들면 | 構築(こうちく) 구축 |
| 雪国(ゆきぐに) 설국 | 鍛錬(たんれん) 단련 |
| トンネル 터널 | 新しい(あたらしい) 새롭다 |
| 抜ける(ぬける) 빠져나오다 | 企画(きかく) 기획 |
| 夜(よる) 밤 | アイデア 아이디어 |
| 底(そこ) 저변, 밑변 | 出す(だす) 내다, 꺼내다 |
| 文章(ぶんしょう) 문장 | 問題(もんだい) 문제 |

| | |
|---|---|
| 解決方法(かいけつほうほう) 해결 방법 | 頭(あたま) 머리 |
| ひねり出す(ひねりだす) 생각해 내다, 짜내다 | 苦手だ(にがてだ) 서툴다 |
| 仕事(しごと) 일 | 意識(いしき) 의식 |
| 学習(がくしゅう) 학습 | ぜひ 꼭, 반드시 |
| 日常生活(にちじょうせいかつ) 일상생활 | 習慣(しゅうかん) 습관 |
| 能力(のうりょく) 능력 | 身につける(みにつける) 몸에 익히다 |
| 与えらる(あたえる) 주다 | 以上(いじょう) 이상 |
| 指示(しじ) 지시 | 生み出す(うみだす) 낳다 |
| マニュアル 매뉴얼 | 場面(ばめん) 장면 |
| 恐れがある(おそれがある) 우려가 있다 | において(で) ~에서 |

### ❸ 脳が活性化する

読書には、脳を活性化する効果もあります。

医学博士の川島隆太教授によると、本の黙読により、視覚情報を処理する「後頭葉」や思考・創造性に関わる「前頭前野」など、脳のさまざまな部位が活性化するのだそうです。川島教授が2003年に発表した資料によると、音読も脳を活性化させ、学習効果を2〜3割向上させることが期待できるのだそうです。

音読では「発声する」「自分の声を聞く」というプロセスが加わるため、黙読よりも複雑な情報処理が必要になり、脳をまんべんなく刺激できると考えられています。そして、音読の速度が速ければ速いほど、脳はいっそう激しく活性化するのだそうです。

脳が活性化されると、勉強だけでなく仕事においてもさまざまなメリットが生じます。たとえば、音読によって活性化する前頭葉は感受性や自制心などを司っているため、前頭葉が活性化することでコミュニケーション能力の向上が期待できます。コミュニケーション能力が高まると、相手の思いを感じ取ったり、自分の考えを的確に伝えたりできるようになるため、良好な人間関係を保つことができます。

| 活性化(かっせいか) 활성화 | 刺激(しげき) 자극 |
|---|---|
| 医学(いがく) 의학 | そして 그리고 |
| 博士(はかせ) 박사 | 速度(そくど) 속도 |
| 教授(きょうじゅ) 교수 | 速ければ速いほど(はやければはやいほど) |
| 黙読(もくどく) 묵독 | 빠르면 빠를수록 |
| 視覚(しかく) 시각 | いっそう 한층 |
| 処理する(しょりする) 처리하다 | 激しい(はげしい) 격하다 |
| 後頭葉(こうとうよう) 후두엽 | 仕事においても 일에 있어서도 |
| 思考(しこう) 사고 | メリット 메리트, 장점 |
| 前頭(ぜんとう) 전두 | 生じる(しょうじる) 낳다, 생기다 |
| 部位(ぶい) 부위 | たとえば 예를 들면 |
| 活性化する(かっせいかする) 활성화하다 | 感受性(かんじゅせい) 감수성 |
| 発表(はっぴょう) 발표 | 自制心(じせいせん) 자제심 |
| 資料(しりょう) 자료 | 司る(つかさどる) 맡다, 관장하다 |
| 音読(おんどく) 음독 | コミュニケーション 의사소통, 커뮤니케이션 |
| 向上(こうじょう) 향상 | 高まる(たかまる) 높이다 |
| 発声(はっせい) 발성 | 相手(あいて) 상대 |
| 声(こえ) 목소리 | 的確に(てきかくに) 적확하게 |
| 聞く(きく) 듣다 | 伝える(つたえる) 전하다 |
| プロセス 프로세스 | 良好だ(りょうこうだ) 양호하다 |
| 加わる(くわわる) 더하다 | 人間関係(にんげんかんけい) 인간관계 |
| 複雑(ふくざつ) 복잡 | 保つ(たもつ) 유지하다 |
| まんべんなく 구석구석까지, 남김없이, 모조리 | |

❹ 仕事や日常のヒントをもらえる

読書からは、仕事や日常に活かせる知恵を得ることもできます。

問題に突き当たったり、悩みを抱えたりしているときには、読書をとおして先人の知恵を学びましょう。たとえば「営業成績がなかなか伸びない」という悩みを抱えている場合、ゼロから自分で考えるよりは、ビジネス本でノウハウを学んだほうが早く解決できる場合がほとんどです。読書には、長い時間をかけて積み上げる "教養" の側面もありま

すが、目の前の問題を手っ取り早く解くための "参考書" という一面もあるのです。

ビジネス総合誌『プレジデント』は、年収が高い人ほど読書に時間をかける傾向があるという調査結果を報告しています（2016年7月号）。1,000人のビジネスパーソンを対象にしたアンケートによると、「1ヵ月に3冊以上本を読む」という項目にYesと答えた人は、年収500万円台では22.2%、年収2,000万円以上では46.2%であるとの結果が出ました。

ビジネスで成功をつかむためには、日頃から本で先人の知恵を吸収しておくことが大切だということが、上記のアンケート結果から示唆されています。本を読んだら「へえ、なるほど」と感心して終わるのではなく、書かれているノウハウを実践できるよう、使えそうな知識を見つけたらメモしておきましょう。

## 어휘

| | |
|---|---|
| 仕事(しごと) 일 | 目の前(めのまえ) 눈앞 |
| 知恵(ちえ) 지혜 | 解く(とく) 풀다, 해결하다 |
| 得る(える) 얻다 | 参考書(さんこうしょ) 참고서 |
| 問題(もんだい) 문제 | 総合誌(そうごうし) 종합지 |
| 突き当たる(つきあたる) 부딪히다, 충돌하다 | プレジデント 대통령, 총재 |
| 抱えたる(かかえたる) 껴안다, 책임지다 | 年収(ねんしゅう) 연수입 |
| 先人(せんじん) 선인, 옛사람 | 傾向(けいこう) 경향 |
| 学ぶ(まなぶ) 배우다 | 報告(ほうこく) 보고 |
| 営業成績(えいぎょうせいせき) 영업성적 | 対象(たいしょう) 대상 |
| 伸びる(のびる) 늘어나다 | アンケート 앙케트 |
| ビジネス 비즈니스 | 項目(こうもく) 항목 |
| ノウハウ 노하우 | 成功(せいこう) 성공 |
| 解決(かいけつ) 해결 | つかむ 붙잡다 |
| ほとんど 거의, 대부분 | 日頃(ひごろ) 평소, 평상시, 늘 |
| 積み上げる(つみあげる) 쌓아올리다 | 吸収(きゅうしゅう) 흡수 |
| 教養(きょうよう) 교양 | 大切だ(たいせつだ) 소중하다 |
| 側面(そくめん) 측면 | 上記(じょうき) 상기 |

| | |
|---|---|
| 示唆(しさ) 시사 | 実践(じっせん) 실천 |
| なるほど 과연 | 使う(つかう) 사용하다 |

---

**❺ 視野が広がる**

読書には、視野を広げる効果もあります。

読書とは「著者との対話」にほかなりません。著者がどう考えているのか、どう感じたの
か──著者の思考の過程をたどることで、自分以外の視点でものを考えることができ
るようになります。本を多く読んだ人は、多くの視点を持っているのです。

ベストセラー『最強の働き方』(東洋経済新報社、2016年)の著者、ムーギー・キム氏に
よると、広い視野を持つことで、周りの人とは違うユニークな価値を提供できるように
なるのだそうです。たとえば、新しい企画やアイデアを出すときには、ひとつの視点に凝
り固まっていてはなかなか良いアウトプットができません。さまざまな角度から可能性
を検討するためには、読書によって培われた広い視野が不可欠なのです。

視野が広い人間になるには、とにかく学びのアンテナを広げることが大切です。身の周
りのあらゆることに関心を持ち、ジャンルを偏らせることなくさまざまな種類の本を手
に取ってみましょう。

ビジネス書しか読まない人は、小説や理系の本なども読んでみましょう。ベストセラー
本や人気の本しか読まない人は、本屋で目についた本を「ジャケット買い」してみてくだ
さい。広く食指を伸ばすよう心がければ、あなたの視野は驚くほど広がりますよ。

---

**어휘**

| | |
|---|---|
| 視野(しや) 시야 | 効果(こうか) 효과 |
| 広がる(ひろがる) 넓어지다(자동사) | 著者(ちょしゃ) 저자 |
| 広げる(ひろげる) 넓히다(타동사) | ～にほかなりません ~에 다름 아닙니다 |

| | |
|---|---|
| 過程(かてい) 과정 | とにかく 어찌됐든 |
| たどる 짚어가다 | あらゆる 온갖, 모든 |
| ベストセラー 베스트셀러 | ジャンル 장르 |
| 最強(さいきょう) 최강 | 偏る(かたよる) 치우치다, 편중되다 |
| 働き方(はたらきかた) 일하는 법 | 種類(しゅるい) 종류 |
| 周りの人(まわりのひと) 주위 사람 | 手に取る(てにとる) 손에 넣다(집다) |
| 違う(ちがう) 다르다 | 小説(しょうせつ) 소설 |
| ユニークだ 독특하다 | 理系(りけい) 이과계 |
| 提供(ていきょう) 제공 | 本屋(ほんや) 서점 |
| 視点(してん) 시점 | 目につく 눈에 띄다 |
| ～に凝る(こる) ~에 열중하다 | ジャケット買い 겉표지만 보고 사다 |
| 固まる(かたまる) 딱딱해지다 | 食指(しょくじ) 집게손가락 |
| 検討(けんとう) 검토 | 伸ばす(のばす) 펴다 |
| 培う(つちかう) 배양하다 | 驚くほど(おどろくほど) 놀랄 만큼 |
| 不可欠だ(ふかけつだ) 불가결하다 | |

---

❻ 教養が磨かれる

読書の効果としては、教養が磨かれることも挙げられます。

『思考の整理学』(筑摩書房、1986年) の著者・外山滋比古氏は、教養を身につけるための読書法として「乱読」を勧めています。興味が少しでも向いた本をとにかく手に取ってみることで、ジャンルの垣根を超えた幅広い知識を得ることができるのです。外山氏は、乱読のコツとして以下を挙げています。

ほんの軽い好奇心につられたら読む
本をやみくもに、手当たり次第に買ってくる
買った本で失敗しても構わない、恐れない
本は読み捨てて構わない

ひとつの知識を身につけると、教養はネットワークのようにどんどん広がっていきます。

たとえば、ワインに関する本を読めば、ワインの歴史や産地、産地の言語・経済・宗教・芸術……という具合に、知りたいことが芋づる式に出てくるはずです。そして、生まれた好奇心を押さえつけることなく、興味の向くままに本を読みあさることが、深い教養につながっていくのです。

人材育成コンサルタントの能町光香氏によると、一流のリーダーほど、「教養は人としての器を大きくし、人間力を磨いてくれる」と知っているそうです。そのため、仕事に直接は関わらない知識を身につける時間も大切にしているのだそうです。

仕事に必要な本やビジネス本ばかり読んでいる方は、別のジャンルの本にもチャレンジしてみましょう。

---

**어휘**

| | |
|---|---|
| 生理学(せいりがく) 생리학 | 恐れる(おそれる) 두려워하다 |
| 教養(きょうよう) 교양 | 捨てる(すてる) 버리다 |
| 乱読(らんどく) 난독 | 〜に関する(〜にかんする) 〜에 관한 |
| 勧める(すすめる) 권유하다 | ワイン 와인 |
| 興味(きょうみ) 흥미 | 歴史(れきし) 역사 |
| 向く(むく) 향하다 | 産地(さんち) 산지 |
| とにかく 어찌됐든 | 言語(げんご) 언어 |
| ジャンル 장르 | 経済(けいざい) 경제 |
| 垣根(かきね) 울타리 | 宗教(しゅうきょう) 종교 |
| 超える(こえる) 뛰어넘다 | 芸術(げいじゅつ) 예술 |
| 幅広い(はばひろい) 폭넓은 | 具合(ぐあい) 상태, 형편 |
| 以下(いか) 이하 | 知りたい(しりたい) 알고 싶다 |
| 軽い(かるい) 가볍다 | 芋づる(いもづる) 토란 |
| 好奇心(こうきしん) 호기심 | はず 당연히 〜할 터이다 |
| やみくもに 마구잡이로, 마구하는 모양 | そして 그리고 |
| 手当たり(てあたり) 실마리, 단서 | 押さえつける(おさえつける) 꽉 누르다 |
| 次第(しだい) 〜의 여하, 〜대로 | ことなく 〜하는 일 없이 |
| 構う(かまう) 상관하다 | 向く(むく) 향하다 |

| | |
|---|---|
| 〜ままに ~한 채로 | 器(うつわ) 그릇 |
| 読みあさる 이 책 저 책을 읽다 | 人間力(にんげんりょく) 인간력 |
| 人材育成(じんざいいくせい) 인재육성 | 直接(ちょくせつ) 직접 |
| コンサルタント 컨설턴트 | 関わる(かかわる) 연관되다 |
| 一流(いちりゅう) 일류 | チャレンジする 도전하다 |
| リーダー 리더 | |

❼ 読解力が高まる

当然ではありますが、読書は読解力を高めてくれます。

読解力は、これからの時代、ますます重要になるスキルです。読解力は今のところ、AI（人工知能）には習得が困難な能力のため、読解力の高い人はAIに仕事を奪われないだろうと考えられています。裏を返せば、読解力のない人がやっているような仕事は、そのうちAIで代替可能になるということなのです。

実際、AIは驚異的なスピードで進化を遂げています。たとえば、完全な自動運転車が実用化され普及したあかつきには、タクシードライバーという仕事はこの世から消えてしまうかもしれません。そして、同様の危機は、タクシードライバーに限らず、どんな職種にも当てはまりかねないのです。

「読書なんて効果ないのでは？」と思っている方は、自分の市場価値を守るという意味でも、ぜひ普段から本に親しむようにしておきましょう。

**어휘**

| | |
|---|---|
| 読解力(どくかいりょく) 독해력 | スキル 스킬 |
| 高まる(たかまる) 높이다 | 人工知能(じんこうちのう) AI, 인공지능 |
| 当然(とうぜん) 당연 | 困難だ(こんらんだ) 곤란하다 |
| ますます 점점 | 奪う(うばう) 빼앗다 |
| 重要(じゅうよう) 중요 | 考える(かんがえる) 생각하다 |

| | |
|---|---|
| 裏を返す(うらをかえす) 안을 뒤집다 | かもしれません ~일지 모릅니다 |
| 驚異的な(きょういてきな) 경이적인 | 同様(どうよう) 같은 모양 |
| スピード 속도 | に限らず(~にかぎらず) ~에 한정하지 않고 |
| 進化(しんか) 진화 | 職種(しょくしゅう) 직종 |
| 遂げる(とげる) 이루다 | 当てはまる(あてはまる) 적용되다, 들어맞다 |
| 完全だ(かんぜんだ) 완전하다 | かねない ~일지도 모른다 |
| 自動運転車(じどううんてんしゃ) 자동운전차량 | 市場(しじょう) 시장 |
| 実用化(じつようか) 실용화 | 価値(かち) 가치 |
| 普及(ふきゅう) 보급 | 守る(まもる) 지키다 |
| タクシードライバー 택시운전기사 | 普段(ふだん) 보통 |
| 消える(きえる) 사라지다 | 親しむ(したしむ) 친하다 |

❽ 知識が増える

読書には、思考の材料となる「知識」が得られるという効果もあります。

史上最高の投資家と名高いウォーレン・バフェット氏は、1日あたり500ページも読書していたそうです。バフェット氏は、多くの事実や情報を集めることが投資家にとって何より重要だと考えていました。そのため、あえて著者の意見は読まず、書かれている事実をもとにあくまで自分の頭で思考するという、少し変わった読書法を採用していたそうです。

投資にかぎらず、「正しい思考」をするためには、「正しい情報」を多くインプットし積み重ねておくことが欠かせません。天気予報を例に考えてみましょう。正しい天気予報をするためには、気圧の配置・気温・湿度・風向きといった情報が欠かせませんよね。良質で正しい情報は、「正しく考える」のに不可欠な材料なのです。

いざ問題に直面し、判断・解決しなければならない場面が訪れたとき、日頃から読書でインプットしておいた知識が強い味方になってくれるはずです。

| | |
|---|---|
| 知識(ちしき) 지식 | 積み重ねる(つみかさねる) 구축하다, 쌓아올리다 |
| インプット 인풋 | 正しい(ただしい) 바르다 |
| 増える(ふえる) 증가하다 | 欠かせる(かかせる) 빠트리다 |
| 材料(ざいりょう) 재료 | 天気予報(てんきよほう) 일기예보 |
| 得られる(えられる) 얻을 수 있다 | 例に(れいに) 예로 |
| 史上(しじょう) 역사상 | 気圧(きあつ) 기압 |
| 最高(さいこう) 최고 | 配置(はいち) 배치 |
| 投資家(とうしか) 투자가 | 気温(きおん) 기온 |
| 名高い(なだかい) 명성 높다 | 湿度(しつど) 습도 |
| 1日あたり(いちにちあたり) 1일당 | 良質(りょうしつ) 양질 |
| 集める(あつめる) 모으다 | 情報(じょうほう) 정보 |
| 何より(なにより) 무엇보다 | 不可欠だ(ふかげつだ) 불가결하다 |
| 重要だ(じゅうようだ) 중요하다 | いざ 말을 시작하려고 할 때 쓰는 감탄사 - 막상 |
| 考える(かんがえる) 생각하다 | 問題(もんだい) 문제 |
| あえて 굳이 | 直面(ちょくめん) 직면 |
| あくまで 언제까지나 | 判断(はんだん) 판단 |
| 少し(すこし) 조금 | 訪れる(おとずれる) 방문하다 |
| 変わる(かわる) 변하다 | 読書(どくしょ) 독서 |
| 読書法(どくしょほう) 독서법 | 味方(みかた) 아군, 내편 |
| 採用する(さいようする) 채용하다 | |

❾ ボキャブラリーが増える

読書には、ボキャブラリーが増えるというメリットもあります。

豊かな語彙は、仕事や勉強に欠かせません。明治大学文学部教授・齋藤孝氏は、ボキャブラリーの量によって生涯年収が左右される可能性さえあると指摘しています。
国語講師の吉田裕子氏によると、ボキャブラリーには「認知語彙」と「使用語彙」の2種類があります。認知語彙の量は、使用語彙の3〜5倍だそうです。

認知語彙:文中にあれば、なんとなく意味がつかめる

使用語彙：自分が話したり書いたりするときに使える

本を読み新しい言葉に出会うことで、認知語彙を増やしていくことが可能です。誰でも分かるように簡単な言葉しか使われないテレビなどのメディアに比べると、本では知らない言葉に出会いやすく、認知語彙を得られる機会が増えます。そして、たくさんの活字に触れ、同じ言葉に何度も出会うにつれ、認知語彙は深く頭に刻まれていき、やがて使用語彙へと変わるのです。

## 어휘

| | |
|---|---|
| ボキャブラリー 단어 | なんとなく 왠지, 어쩐지 |
| 増える(ふえる) 증가하다 | 言葉(ことば) 말, 단어 |
| 豊かな(ゆたかな) 풍부한 | 増やす(ふやす) 증가시키다 |
| 明治大学(めいじだいがく) 메이지 대학 | 誰でも(だれでも) 누구라도 |
| 文学部教授(ぶんがくぶきょうじゅ) 문학부 교수 | 分かるように(わかるように) 알도록 |
| 量(りょう) 양 | ～に比べる(～にくらべる) ~에 비교하다 |
| 生涯(しょうがい) 생애 | 機会(きかい) 기회 |
| 年収(ねんしゅう) 연수입 | 活字(かつじ) 활자 |
| 左右(さゆう) 좌우 | 触れる(ふれる) 대다, 접촉하다 |
| 可能性(かのうせい) 가능성 | 何度(なんど) 몇 번 |
| 指摘(してき) 지적 | 出会う(であう) 만나다 |
| 使用語彙(しようごい) 사용어휘 | 深く(ふかく) 깊이 |
| 認知語彙(にんちごい) 인지어휘 | 刻む(きざむ) 새기다 |
| 文中(ぶんちゅう) 문장 중간 | やがて 이윽고, 머지않아 |

⓾ メタ認知能力が高まる

読書には、メタ認知能力を高める効果もあります。

メタ認知能力とは、自身の状態を客観的に把握する能力のことです。メタ認知能力が高いと、ネガティブな感情が沸いてきたときでも冷静に自分を分析し、対処することができます。

たとえば、あなたがSNSで「ブランド物のバッグを自慢している人」の投稿を見つけて腹を立てたとしましょう。メタ認知能力が高ければ、「このいら立ちは嫉妬心によるものだな。自分には手の届かない高価なバッグなので、買える人をうらやんでいるんだ」と自己分析して気持ちを落ち着かせることができます。

負の感情の発生原因を特定できれば、「こんなくだらないことで腹を立てているのか」と認識したり、ネガティブな感情を和らげる方法を考えたりすることもできますよね。メタ認知能力があることで、感情的になりすぎず、客観的な判断を下せるのです。

そして、メタ認知能力を高めるのに有効なのが読書です。特に小説には、登場人物の心理や出来事などが第三者的な視点から描かれているため、客観的に物事を把握する能力を鍛えられます。

**어휘**

| | |
|---|---|
| メタ認知(にんち) 메타 인지 | 負の感情(ふのかんじょう) 부정의 감정 |
| 能力(のうりょく) 능력 | 発生原因(はっせいげんいん) 발생 원인 |
| 把握する(はあくする) 파악하다 | 特定(とくてい) 특정 |
| 感情(かんじょう) 감정 | くだらない 시시하다 |
| 沸く(わく) 끓다 | 腹を立てる(はらをたてる) 화 내다 |
| 冷静に(れいせいに) 냉정하게 | 認識する(にんしきする) 인식하다 |
| 対処する(たいしょする) 대처하다 | ネガティブ 네거티브 |
| ブランドバッグ 명품백 | 和らげる(やわらげる) 부드럽게 하다, 진정시키다 |
| 自慢(じまん) 자랑 | 方法(ほうほう) 방법 |
| 投稿(とうこう) 투고 | 客観的(きゃっかんてき) 객관적 |
| 見つける(みつける) 발견하다 | 判断を下す(はんだんをくだす) 판단을 내리다 |
| 嫉妬心(しっとしん) 질투심 | 有効(ゆうこう) 유효 |
| 届く(とどく) 도달하다 | 特に(とくに) 특히 |
| 高価(こうか) 고가 | 登場人物(とうじょうじんぶつ) 등장인물 |
| うらやむ 원망하다 | 心理(しんり) 심리 |
| 自己分析(じこぶんせき) 자기 분석 | 出来事(できごと) 생긴 일, 사건 |
| 落ち着く(おちつく) 안정되다 | 視点(してん) 시점 |

描かれている(えがかれている) 묘사되어 있다 ┊ 鍛える(きたえる) 단련하다
物事(ものごと) 만물, 만사

---

**⓫ 英語が学習できる(洋書)**

英語で書かれている本を読むのは、英語学習に最適です。英語があまり得意でないという人でも、最低限の文法さえ知っていれば、児童文学のように平易な英語で書かれた本を楽しめますよ。

洋書のなかの英文は、問題集や参考書とは違った「生」の言葉。ふだんネイティブが使っている語彙・表現に触れることができ、実践的な英語の学習には最適です。たとえば、"wishy-washy"(優柔不断)という言葉を知っていますか? このように、「受験英語」では習わないけれどネイティブは日常的に使っている単語はたくさんあるのです。

また、洋書を読むと、単語の意味を「文脈」で判断することができます。洋書には知らない単語が多く出てくるでしょうが、前後の文脈やあらすじから単語の意味を推測しやすいため、いちいち辞書を引かなくても読み進めていけるのです。

それに、英語で書かれた本を1冊でも通読する経験をすれば、資格試験などの長文問題が短く感じられたり、英文に対する抵抗感が少なくなったりするかもしれませんね。英語やほかの外国語を得意にしたいと思う人にとって、その言語での読書は非常に効果の高い勉強法なのです。

以上、読書のもたらす効果やメリットをご紹介しました。

---

**어휘**

| | |
|---|---|
| 英語(えいご) 영어 | 最適(さいてき) 최적 |
| 学習(がくしゅう) 학습 | 得意(とくい) 잘하는 것 |
| 洋書(ようしょ) 양서 | 最低限(さいていげん) 최저한 |

| | |
|---|---|
| 文法(ぶんぽう) 문법 | 推測(すいそく) 추측 |
| 児童文学(じどうぶんがく) 아동문학 | いちいち 하나하나 |
| 平易(へいい) 평이 | 辞書を引く(じしょをひく) 사전을 찾다 |
| 参考書(さんこうしょ) 참고서 | それに 게다가 |
| ～とは違う(~とはちがう) ~와는 다르다 | 通読する(つうどくする) 통독하다 |
| 生(なま) 생, 날것 | 経験(けいけん) 경험 |
| ふだん 보통 | 資格(しかく) 자격 |
| 受験(じゅけん) 수험 | 長文(ちょうぶん) 장문, 긴 문장 |
| ネイティブ 네이티브, 원어민 | 抵抗感(ていこうかん) 저항감 |
| 単語(たんご) 단어 | 外国語(がいこくご) 외국어 |
| 文脈(ぶんみゃく) 문맥 | 非常(ひじょう) 매우 |
| 前後(ぜんご) 전후 | 以上(いじょう) 이상 |
| あらすじ 줄거리 | メリット 장점 |

STUDY HACKER

トップ　　はやり言葉辞典

2019-08-08

## 読書が脳に及ぼす効果とは？　読書がもたらす11のメリット

読書　勉強・学習　コラム　佐藤舜

| 1 B!ブックマーク | 344 シェア | ツイート | LINE 送る |

「読書＝良いこと」というイメージは誰しも持っているかと思いますが、「具体的にどんな効果があるの？」と聞かれたら、はっきり答えられる人は少ないかもしれません。

[출처] 독서의 효과 원문 출처 싸이트 -스터디 헤커 2019.8.8

# 중문 독해 답안지 [해석본]

> 독서의 효과
> 우선은 독서가 가져다주는 다양한 효과를 소개합니다.

**❶ 스트레스가 해소된다**

독서 효과로서는 스트레스 해소를 들 수 있습니다. 책을 읽고 마음이 편해진 경험은 누구나 있다고 생각합니다만, 실은 독서의 릴렉스 효과는 과학적으로 인정되고 있습니다.

영국 서식스 대학은 2009년 독서에 의한 스트레스 해소 효과를 발표했습니다. 심장 박동수와 근육의 긴장 상태를 통해 스트레스를 측정한 결과, 스트레스가 68%나 감소하는 것으로 나타났다고 합니다. 이것은 음악 감상과 커피 등 다른 모든 스트레스 해소법을 상회하는 수치라고 합니다.

독서의 스트레스 경감 효과는 '비브리오 테라피(독서요법)'로 실용화되고 있습니다. 비브리오 테라피란 목사이자 인기 에세이스트이기도 한 새뮤얼 맥코드 클로재즈 씨가 제창한 개념으로, 독서에 의해 질병의 치유를 도모하는 심리 요법입니다. 자기 상태에 알맞은 책을 읽는 것으로, 행동을 좋은 방향으로 바꾸거나 고통을 줄이거나 하는 등의 효과를 기대할 수 있다고 합니다.

비브리오 테라피는 결코 '수상쩍은' 게 아닙니다. 이미 영국에서는 약 대신 책이 처방되는 시스템이 2013년에 인가되었습니다.

많은 스트레스를 받고 계신 분은 여유롭게 보낼 수 있는 시간을 확보하고 책의 세계에 몸을 맡겨 보는 것은 어떨까요?

## ❷ 창의력이 길러진다

창의력이 길러지는 것도 독서가 가져다주는 효과 중 하나입니다. 뇌생리학자 사카이 구니카씨에 의하면, 녹서를 할 때, 뇌는 나른 활동와 나른 특벌한 사용법을 하기 때문에 칭의력이 단련된다고 합니다.

예를 들면, 가와바타 야스나리의 『설국』에서 "터널을 빠져나오니 설국이었다. 밤의 밑바닥이 하얗게 변했다."라는 문장을 읽으면 '도대체 어떤 설국일까?' '밤의 밑바닥이 하얗다는 것은 어떤 풍경일까?'라고 능동적으로 이미지가 부풀어 오릅니다. 이와 같이 문자 정보를 기초로 하여 상상을 부풀리거나 생각을 구축하거나 하는 것은 창의력이 단련이 되는 것입니다.

창의력은 새로운 기획, 아이디어를 낼 때나 문제 해결 방법을 찾아낼 때 등 일, 학습, 일상생활의 모든 장면에서 없어서는 안 되는 능력입니다. 창의력이 없으면 주어진 정보나 지시 이상의 것을 스스로 만들어 낼 수 없는 '메뉴얼 인간'이 되어 버릴 우려가 있습니다.

아이디어를 내거나 자신의 머리로 생각하거나 하는 일에 익숙하지 않은 의식이 있는 분은 꼭 독서 습관을 길러 창의력을 길러 보는 것은 어떨까요?

## ❸ 뇌가 활성화한다

독서는 뇌를 활성화하는 효과도 있습니다.

의학박사 가와시마 류타 교수에 의하면 책의 묵독에 의해 시각정보를 처리하는 '후두엽'과 사고 · 창조성과 관련된 '전두전야' 등, 뇌의 여러 부위가 활성화된다고 합니다. 가와시마 교수가 2003년에 발표한 자료에 의하면 음독도 뇌를 활성화시키고, 학습 효과를 20~30% 향상시킬 것으로 기대할 수 있다고 합니다.

음독으로는 '발성한다', '자기 목소리를 듣는다'라는 프로세스가 추가되기 때문에 묵독보다 복잡한 정보처리가 필요해지고 뇌를 골고루 자극할 수 있다고 생각되어집니다. 그리고 음독

속도가 빠르면 빠를수록 뇌는 한층 격렬하게 활성화된다고 합니다.

뇌가 활성화되면 공부뿐만 아니라 일에 있어서도 다양한 메리트가 생깁니다. 예를 들어 음독에 의해서 활성화되는 전두엽은 감수성이나 자제심 등을 관장하고 있기 때문에 전두엽이 활성화함으로써 커뮤니케이션 능력 향상을 기대할 수 있습니다. 의사소통 능력이 향상되면 상대의 생각을 알아차리거나, 자신의 생각을 정확하게 전할 수 있게 되기 때문에 양호한 인간관계를 유지할 수 있습니다.

## ❹ 일이나 일상의 힌트를 받을 수 있다

독서로부터는 일과 일상에 활용할 수 있는 지혜를 얻을 수도 있습니다.

문제에 봉착하거나 고민을 떠안고 있을 때는 독서를 통해 선인들의 지혜를 배우십시오. 예를 들어 '영업 성적이 좀처럼 향상되지 않는다'라는 고민을 하고 있는 경우, 처음부터 혼자 생각하기보다 비즈니스 책에서 노하우를 배우는 편이 빨리 해결할 수 있는 경우가 대부분입니다. 독서에는 오랜 시간에 걸쳐 쌓아올린 '교양'의 측면도 있지만 눈앞의 문제를 신속히 파악하기 위한 '참고서'라는 일면도 있습니다.

비즈니스 종합지 「프레지던트」는 연수입이 높은 사람일수록 독서에 시간을 들이는 경향이 있다는 조사 결과를 보고하고 있습니다(2016년 7월호). 1,000명의 비즈니스맨을 대상으로 한 앙케이트에 의하면 '한 달에 세 권 이상 책을 읽는다'라는 항목에 Yes라고 대답한 사람은 연수입 500만 엔 대에는 22.2%, 연수입 2,000만엔 이상에서는 46.2%라는 결과가 나왔습니다.

비지니스에서 성공을 거두기 위해서는 평소 책에서 선인의 지혜를 흡수해 두는 것이 중요하다는 것이 상기 앙케이트 결과를 통해 시사되고 있습니다. 책을 읽으면 '아, 그렇구나' 하고 관심을 느끼고 끝나는 것이 아니라 쓰여져 있는 노하우를 실천할 수 있도록 사용할 수 있는 지식을 찾으면 메모해 놓으십시오.

## ❺ 시야가 넓어진다

독서에는 시야를 넓히는 효과도 있습니다.

독서라는 것은 '저자와의 대화'와 다름없습니다. 저자가 어떻게 생각하는지, 어떻게 느꼈는지—저자의 사고 과정을 짚어가는 것으로, 자신 이외의 관점에서 사물을 생각할 수 있게 됩니다. 책을 많이 읽은 사람은 많은 관점을 가지고 있습니다.

베스트셀러 『최강의 일하는 법』(동양경제 신보사, 2016년) 의 저자 김무기 씨에 의하면 넓은 시야를 가짐으로써 주변 사람들과는 다른 독특한 가치를 제공할 수 있게 된다고 합니다. 예를 들어 새로운 기획이나 아이디어를 낼 때는 하나의 시점에만 고착화되어서는 좀처럼 좋은 아웃풋을 할 수 없습니다. 여러 각도에서 가능성을 검토하기 위해서는 독서 에 의해 길러진 넓은 시야가 불가결합니다.

시야가 넓은 인간이 되기 위해서는 어쨌든 배움의 안테나를 넓히는 것이 중요합니다. 신변의 모든 것에 관심을 가지고 장르에 치우치지 않고 다양한 종류의 책을 손에 잡으십시오.

비즈니스 서적밖에 읽지 않는 사람은 소설이나 이과 계열의 책도 읽어 보십시오. 베스트셀러 책이나 인기가 있는 책밖에 읽지 않는 사람은 서점에서 눈에 띈 책을 '표지만 보고 구입'해 보십시오. 집게손가락을 넓게 뻗으려 유념한다면 당신의 시야는 놀랄 만큼 넓어집니다.

## ❻ 교양이 연마되다

독서의 효과로는 교양이 연마된다는 것도 들 수 있습니다.

『사고의 정리학』(치쿠마 쇼보, 1986년)의 저자 토야마 시케히코씨는 교양을 쌓기 위한 독서법으로 '난독(乱読)'을 권하고 있습니다. 흥미가 조금이라도 있는 책을 어찌됐든 손에 들어 봄으로써 장르의 울타리를 뛰어넘는 폭넓은 지식을 얻을 수 있습니다. 토야마씨는 난독의 비결로서 아래의 내용을 들고 있습니다.

아주 가벼운 호기심에 끌리면 읽는다.

책을 마구잡이로 닥치는 대로 사온다.

산 책으로 실패해도 개의치 않는다, 두려워하지 않는다.

책은 읽고 버려도 개의치 않는다.

한 가지의 지식을 몸에 익히면 교양은 네트워크처럼 점점 넓어져 갑니다. 예를 들어 와인에 관련된 책을 읽으면 와인의 역사와 산지, 산지의 언어 · 경제 · 종교 · 예술…… 라는 식으로 알고 싶은 것이 고구마 덩굴식으로 나올 것입니다. 그리고 생긴 호기심을 억누르지 말고 흥미가 향하는 대로 책을 탐독하는 것이 깊은 교양으로 이어집니다.

인재육성 컨설턴트인 노마치 미츠카씨에 의하면 일류 리더일수록 "교양은 사람으로서 그릇을 크게 하고 인간력을 연마해 준다"는 걸 알고 있다고 합니다. 그 때문에 일에 직접 관계되지 않는 지식을 몸에 익히는 시간도 소중히 한다고 합니다.

업무에 필요한 책이나 비즈니스 책만 읽고 계신 분은 다른 장르의 책에도 도전해 보십시오.

### ❼ 독해력이 높아진다

당연합니다만 독서는 독해력을 높여 줍니다.

독해력은 앞으로 시대에 점점 더 중요해지는 스킬입니다. 독해력은 현재 AI(인공지능)는 습득이 어려운 능력이므로 독해력이 높은 사람은 AI에게 일자리를 뺏기지 않을 거라고 여겨집니다. 뒤집어 보면 독해력이 없는 사람이 하고 있는 것 같은 일은 머지않아 AI로 대체 가능해진다는 것입니다.

실제 AI는 경이적인 스피드로 진화하고 있습니다. 예를 들어 완전한 자율주행차가 실용화되고 보급된 그 날에는 택시운전사라는 직업이 세상에서 사라질지도 모릅니다. 그리고 이와 같은 위기는 택시운전사에 국한되지 않고 모든 직종에도 해당할지도 모릅니다.

'독서 따위 효과가 없지 않을까?'라고 생각하는 분은 자신의 시장가치를 지킨다는 의미에서도 반드시 평소에 책을 가까이 하도록 하십시오.

## ❽ 지식이 는다

독서에는 사고의 재료가 되는 '지식'을 얻는 효과도 있습니다.

역사상 최고의 투자자로 유명한 워런 버핏 씨는 하루당 500페이지나 독서하고 있다고 합니다. 버핏 씨는 많은 사실과 정보를 모으는 일이 투자가에게 있어서 무엇보다 중요하다고 생각했습니다. 그렇기 때문에 굳이 저자의 의견은 읽지 않고 쓰여져 있는 사실을 바탕으로 끝까지 자기 머리로 사고하는 조금 색다른 독서법을 채택했다고 합니다.

투자에 한하지 않고 '옳은 사고'를 하기 위해서는 '올바른 정보'를 많이 입력하고 쌓아 두는 깃이 필수입니다. 일기예보를 예로 생각해 보겠습니다. 정확한 날씨 예보를 하기 위해서는 기압의 배치, 기온, 습도, 풍향과 같은 정보가 빠질 수 없습니다. 양질의 정확한 정보는 '올바로 생각'하는 데 불가결한 재료입니다.

막상 문제에 직면하여 판단, 해결해야 할 상황이 왔을 때 평소부터 독서로 인풋해 놓았던 지식이 강한 우군이 되어 줄 것입니다.

## ❾ 어휘가 늘어난다

독서에는 어휘가 늘어난다는 장점도 있습니다.

풍부한 어휘는 일이나 공부에 빼놓을 수 없습니다.
메이지 대학 문학부 교수 사이토 다카시 씨는 어휘 양에 의해 평생 연봉이 좌우될 가능성조차 있다고 지적합니다.

국어 강사인 요시다 유코 씨에 따르면 어휘에는 '인지어휘'와 '사용어휘' 두 종류가 있습니다. 인지어휘의 양은 사용어휘의 3~5배라고 합니다.

인지어휘 : 문장 속에 있으면 어쩐지 의미를 파악할 수 있다.
사용어휘 : 내가 말하거나 쓸 때 사용할 수 있다.

책을 읽고 새로운 어휘를 만남으로써 인지어휘를 늘려 나갈 수 있습니다. 누구나 알 수 있도록 간단한 단어밖에 사용되지 않는 텔레비전 등의 미디어에 비하면 책에서는 모르는 단어를 만나기 쉽고 인지어휘를 얻을 수 있는 기회가 늘어납니다. 그리고 많은 활자를 접하며 같은 어휘를 여러 번 접하면서 인지어휘는 머릿속 깊이 새겨져 가고 이윽고 사용어휘로 바뀌는 것입니다.

**❿ 메타 인지능력이 높아진다**
독서에는 메타 인지능력을 높이는 효과도 있습니다.

메타 인지력이란 자신의 상태를 객관적으로 파악하는 능력입니다. 메타 인지능력이 높으면 부정적인 감정이 끓어오를 때에도 냉정하게 자신을 분석하고 대처할 수 있습니다.

예를 들어 당신이 SNS에서 '명품 백을 자랑하는 사람'의 게시물을 발견하고 화가 났다고 합니다. 메타 인지능력이 높으면 "이 짜증은 질투심에 의한 것이군. 나는 살 수 없는 고가의 가방이기 때문에 살 수 있는 사람을 부러워하고 있는 거야"라고 자기 분석해서 기분을 진정시킬 수 있습니다.

부정의 감정 발생 원인을 특정할 수 있다면 "이런 하찮은 일로 화를 내고 있다니"라고 인식하거나 부정적인 감정을 누그러뜨리는 방법을 생각할 수도 있을 겁니다. 메타 인지능력이 있음으로 너무 감정적이 되지 않고 객관적인 판단을 내릴 수 있습니다.
그리고 메타 인지능력을 높이는데 유효한 것이 독서입니다. 특히 소설에는 등장 인물의 심리나 사건 등이 제삼자의 관점에서 그려져 있기 때문에 객관적으로 사물을 파악하는 능력을 단련시킬 수 있습니다.

❶ 영어를 학습할 수 있다(양서)

영어로 쓰여져 있는 책을 읽는 것은 영어 학습에 최적입니다. 영어를 잘 못하는 사람이라도 최소한의 문법만 알면 아동 문학처럼 평이한 영어로 쓰여진 책을 즐길 수 있습니다.

양서 속 영문(英文)은 문제집이나 참고서와 다른 생(生)의 말. 평소 원어민이 사용하고 있는 어휘와 표현을 접할 수 있어 실천적인 영어 학습에 매우 적합합니다. 예를 들어 'wishy-washy(우유부단)'라는 말을 아십니까? 이와 같이 '시험 영어'에서는 배우지 않지만 원어민이 일상적으로 사용하는 단어는 많이 있습니다.

또 양서를 읽으면 단어의 의미를 '문맥'으로 판단할 수 있습니다. 양서에는 모르는 단어가 많이 나오지만 전후 문맥이나 줄거리에서 단어의 의미를 추측하기 쉽기 때문에 일일이 사전을 찾지 않아도 읽어 나갈 수 있는 것입니다.

게다가 영어로 된 책을 한 권이라도 통독하는 경험을 하면 자격시험 등의 장문 문제가 짧게 느껴지거나 영문에 대한 거부감이 적어질지도 모릅니다. 영어나 다른 외국어를 잘하고 싶은 사람에게 그 언어로의 독서는 아주 효과가 뛰어난 공부법입니다.

이상 독서가 가져다주는 효과와 장점을 소개했습니다.

# MEMO

part 3는 실전 일본어로서 일본인들과의 업무 또는 일본 취업과 유학을 목표로 할 경우에 반드시 필요한 부분입니다. 일본어의 기본적인 구조와 이해를 익혔다면 이 부분까지 학습하여 더 많은 가능성에 도전해 볼 만합니다.

일본 취업과 대학 입학이 가능한 레벨은 일본어 능력시험 JLPT N2, JLPT 650점 정도입니다. 이 단계의 목표에서 구체적으로 가장 필요한 부분은 일본어 구문의 암기로 N2레벨은 180개입니다. 또한 일본 4년제 대학 입학을 위해서는 JLPT N1의 120개의 구문 암기가 필요합니다.

일본 취업을 위해서도 능력시험 N2 이상의 합격증은 필수로 요구됩니다.

이번 파트를 통해 자신의 가능성을 좀 더 확장해 봅시다!

**part 3**

# 본격 취업
# 코어 일본어

# 01 문법 N2 180개 구문

일본 2년제 대학 입시 합격을 위해 필요한 필수 구문

## 동사 ます형 접속

### 001 동사 ます형 + やすい : ~하기 쉽다, ~하기 편하다

| | |
|---|---|
| わかりやすい | 이해하기 쉽다 |
| 住みやすい | 살기 편하다 |
| 食べやすい | 먹기 편하다 |
| 飲みやすい | 마시기 쉽다 |
| | |
| わかりやすくない | 이해하기 쉽지 않다 |
| 住みやすくない | 살기 편하지 않다 |
| 食べやすくない | 먹기 편하지 않다 |
| 飲みやすくない | 마시기 쉽지 않다 |

先生の説明はわかりやすいです　　　　선생님의 설명은 이해하기 쉽습니다
ここは住みやすいです　　　　　　　　이곳은 살기 편합니다
この靴は歩きやすいです　　　　　　　이 신발은 걷기 편합니다

---

**단 어**

| 説明(せつめい) 설명 | 住む(すむ) 살다 | 靴(くつ) 신발 |

---

## 002　동사 ます형＋にくい : ~하기 어렵다

この食べ物は食べにくい　　　　　　　이 음식은 먹기 어렵다
この酒は強くて飲みにくい　　　　　　이 술은 강해서 마시기 어렵다
ここは住みにくい　　　　　　　　　　이곳은 살기 힘들다


食べにくくない　　　　　　　　　　　먹기 어렵지 않다
飲みにくくない　　　　　　　　　　　마시기 어렵지 않다
住みにくくない　　　　　　　　　　　살기 어렵지 않다

---

## 003　동사 ます형＋うる : ~할 수 있다

できうるかぎり　　　　　　　　　　　할 수 있는 한
探しうるかぎり　　　　　　　　　　　찾을 수 있는 한
考えうるかぎり　　　　　　　　　　　생각할 수 있는 한

---

## 004　동사 ます형＋ながら : ~하면서

音楽を聞きながら　　　　　　　　　　음악을 들으면서
ごはんを食べながら　　　　　　　　　밥을 먹으면서
道を歩きながら　　　　　　　　　　　길을 걸으면서

## 005 | 동사 ます형+かけ(る) : ~하다 말다

| | |
|---|---|
| 飲みかけのコーヒー | 마시다 만 커피 |
| やりかけの仕事 | 하다 만 일 |
| やりかけの仕事が山ほどある | 하다 만 일이 산만큼 있다 |

## 006 | 동사 ます형+がたい : ~하기 어렵다

| | |
|---|---|
| 受け入れがたい | 받아들이기 어렵다 |
| 許しがたい | 용서하기 어렵다 |
| 受け入れがたい提案 | 받아들이기 어려운 제안 |
| 許しがたい犯罪 | 용서하기 어려운 범죄 |

> ### 단어
>
> | | |
> |---|---|
> | 提案(ていあん) 제안 | 犯罪(はんざい) 범죄 |

## 007 | 동사 ます형+がち : ~하기 쉽다(빈도나 경향이 많은)

| | |
|---|---|
| 遅れがちのひと | 자주 늦는 사람(자주 지각하는 사람) |
| 休みがちのひと | 자주 쉬는 사람(자주 결석하는 사람) |

## 008 | 동사 ます형+かねない : ~할지도 모른다

| | |
|---|---|
| 事故を起こしかねない | 사고를 일으킬지도 모른다 |
| けんかになりかねない | 싸움으로 번질지(생길지)도 모른다 |

> ### 단어
>
> | | |
> |---|---|
> | 起こす(おこす) 일으키다 | けんか 싸움 |

## 009 동사 ます형＋かねる：~하기 어렵다

| 見かねる | 보고 있기 어렵다 |
| 見かねて手伝った | 보고 있기 어려워서 도왔다 |
| 応じかねる | 응하기 어렵다 |
| 答えかねる | 대답하기 어렵다 |
| こんな質問には答えかねます | 이러한 질문에는 대답하기 어렵습니다 |

### 단어

| | | |
|---|---|---|
| 手伝う(てつだう) 돕다 | 応じる(おうじる) 응하다 | 答える(こたえる) 대답하다 |

## 010 동사 ます형＋気味(ぎみ)：~한 기색

| 疲れ気味 | 피곤한 기미 |
| 太り気味 | 살이 찌는 기미 |
| やせ気味 | 살이 빠지는 기미 |
| 風邪気味 | 감기 기운 |

### 단어

| | |
|---|---|
| 疲れる(つかれる) 피곤하다, 지치다 | 太る(ふとる) 살찌다 |
| 痩せる(やせる) 빠지다, 야위다 | 風邪(かぜ) 감기 |

## 011 동사 ます형＋きる：~을 다하다, ~을 완수하다, 일을 다 끝내다

| やりきる | 다하다 |
| 一人でやりきれる | 혼자서 다할 수 있다 |
| たべきる | 다 먹다 |
| 一人で食べきれる | 혼자서 다 먹을 수 있다 |

## 012 동사 ます형＋きれない：~할 수 없다, 완전히 다 ~할 수 없다

| | |
|---|---|
| 数えきれない | 셀 수 없다 |
| 数えきれないほどのお金 | 셀 수 없을 만큼의 돈 |
| 食べきれない | 다 먹을 수 없다 |
| 食べきれないです | 다 먹을 수 없습니다 |

**단어**

数える(かぞえる) (수를)세다

## 013 동사 ます형＋次第(しだい)：~하는 대로

| | |
|---|---|
| 決まり次第 | 정해지는 대로 |
| やみ次第 | 그치는 대로 |
| つき次第 | 도착하는 대로 |
| つき次第お電話をしてください | 도착하는 대로 전화를 해 주세요 |
| 買い次第ご連絡ください | 사는 대로 연락주십시오 |

**단어**

やむ (비가)그치다

## 014 동사 ます형＋つつ：~하면서

| | |
|---|---|
| 考えつつ買い物をする | 생각하면서 쇼핑을 하다 |
| 悪いと知りつつ食べてしまう | 나쁘다는 것을 알면서 먹어 버리다 |

## 015 동사 ます형＋つつある：~하는 중이다

| | |
|---|---|
| 改善されつつある | 개선되고 있는 중이다 |
| 改善されつつあります | 개선되고 있는 중입니다 |
| 回復しつつある | 회복되고 있는 중이다 |

回復しつつあります 　　　　　　　　회복되고 있는 중입니다

**단어**

改善(かいぜん) 개선 　　　　　　　回復(かいふく) 회복

---

**016** **동사 ます형＋っぽい : ~하는 경향**

忘れっぽい 　　　　　　　　잊는 경향이 있다
忘れっぽいです 　　　　　　잊는 경향이 있습니다
怒りっぽい 　　　　　　　　화를 내는 경향이 있다
怒りっぽいです 　　　　　　화를 내는 경향이 있습니다

---

**017** **동사 ます형＋ぬく : 끝까지 ~하다**

やりぬく 　　　　　　　　　　끝까지 하다
やりぬきたいです 　　　　　끝까지 해내고 싶습니다
考えぬく 　　　　　　　　　　끝까지 생각하다
考えぬいて 　　　　　　　　끝까지 생각해서
考えぬいて出した結論です 　끝까지 생각해서 낸 결론입니다

**단어**

結論(けつろん) 결론

---

**018** **동사 ます형＋すぎる : 너무 ~하다**

飲みすぎる 　　　　　　　　너무 많이 마시다
飲みすぎて 　　　　　　　　너무 많이 마셔서
食べすぎる 　　　　　　　　너무 많이 먹다
食べすぎて 　　　　　　　　너무 많이 먹어서
使いすぎる 　　　　　　　　너무 (돈을) 많이 쓰다
使いすぎて 　　　　　　　　너무 (돈을) 많이 써서

食べすぎてお腹が痛いです　　　　　　　너무 많이 먹어서 배가 아픕니다

考えすぎて疲れる　　　　　　　　　　　너무 많이 생각해서 피곤하다

## 019 　동사 ます형＋ようがない : ~할 방법이 없다

答えようがない　　　　　　　　　　　대답할 방법이 없다

直しようがない　　　　　　　　　　　고칠 방법이 없다

連絡しようがない　　　　　　　　　　연락할 방법이 없다

けいたいがなくて連絡しようがない　　휴대전화가 없어서 연락할 방법이 없다

## 020 　동사 ます형＋っこない : ~일 리가 없다

宝くじは当たりっこない　　　　　　　복권은 맞을 리가 없다

時間に間に合いっこない　　　　　　　시간에 맞출 리가 없다

今急いでも時間に間に合いっこない　　지금 서둘러도 시간에 맞출 리가 없다

今急いでも時間に間に合えっこない　　지금 서둘러도 시간에 맞출 수 있을 리가 없다

## 021 　동사 ます형＋はじめる : ~하기 시작하다

雨が降り始めた　　　　　　　　　　　비가 내리기 시작했다

赤ちゃんは10時から泣き始めた　　　　아기는 10시부터 울기 시작했다

## 022 | 동사 ます형＋なおす：다시 ~하다, 고쳐서 ~하다

| | |
|---|---|
| 書き直す | 고쳐 쓰다 |
| 書き直して | 고쳐 써서 |
| 書き直している | 고쳐 쓰고 있다 |
| 書き直しています | 고쳐 쓰고 있습니다 |

## 023 | 동사 ます형＋つづける：계속 ~하다

| | |
|---|---|
| 雨が降り続ける | 비가 계속 내리다 |
| 雨が降り続けている | 비가 계속 내리고 있다 |

# 조사 'に'와 같이 쓰는 구문

## 024 | ~について：~에 관해서 (~에 관해서 잘 알고 있는 경우)

| | |
|---|---|
| 自分について | 자신에 관해서 |
| あなたについて | 당신에 관해서 |
| 日本語について | 일본어에 관해서 |
| 経済について | 경제에 관해서 |

## 025 | におうじて：~함에 따라서

| | |
|---|---|
| 景気の回復におうじて | 경기의 회복에 따라서 |

景気(けいき) 경기         回復(かいふく) 회복

---

**026** | ~にくわえて : ~에 덧붙여서(첨가, 부연)

これにくわえて                    이것에 덧붙여서

---

**027** | ~にくらべて : ~에 비교해서(비교)

今にくらべて                      지금에 비해서
今日にくらべて                    오늘에 비해서
兄にくらべて                      형에 비해서

今(いま) 지금         今日(きょう) 오늘         兄(あに) 형

---

**028** | ~にしたがって : ~에 따라서(변화)

高く登るにしたがって              높이 올라감에 따라서
物価が上がるにしたがって          물가가 오름에 따라서

登る(のぼる) 오르다         物価(ぶっか) 물가         上がる(あがる) 오르다

---

**029** | ~につれて : ~에 따라서(변화)

年を取るにつれて                  나이를 먹음에 따라서

年(とし)を取る(とる) 나이를 먹다

## 030 ~にともなって : ~와 함께 (변화)

| | |
|---|---|
| 経済の成長にともなって | 경제의 성장과 함께 |
| 物価の上昇にともなって | 물가의 상승과 함께 |
| 季節の変化にともなって | 계절의 변화에 따라서 |
| 景気の変化にともなって | 경기의 변화에 따라서 |

**단어**

| | | |
|---|---|---|
| 経済(けいざい) 경제 | 物価(ぶっか) 물가 | 季節(きせつ) 계절 |
| 成長(せいちょう) 성장 | 上昇(じょうしょう) 상승 | 変化(へんか) 변화 |
| 景気(けいき) 경기 | | |

## 031 ~において : ~에서 (조사 で)

| | |
|---|---|
| 第2の会議室において | 제2 회의실에서 |

**단어**

会議室(かいぎしつ) 회의실

## 032 ~にとって : ~에게 있어서

| | |
|---|---|
| 私にとって | 나에게 있어서 |
| 親にとって | 부모에게 있어서 |
| あなたにとって | 당신에게 있어서 |
| 会社にとって | 회사에게 있어서 |

**단어**

| | | |
|---|---|---|
| 私(わたし) 나 | 親(おや) 부모 | 会社(かいしゃ) 회사 |

## 033 | ~に耐える : ~을 견디다

この製品は100度までに耐えられます          이 제품은 100도까지 견딜 수 있습니다

**단어**

| | |
|---|---|
| 製品(せいひん) 제품 | 耐える(たえる) 견디다 |

## 034 | ~によって : ~에 의해서(행동의 주체)

先生によって                     선생님에 의해서
社長によって                     사장님에 의해서
技術の発展によって                기술 발전에 의해서

**단어**

| | |
|---|---|
| 技術(ぎじゅつ) 기술 | 発展(はってん) 발전 |

## 035 | ~によると : ~에 의하면(전문-남의 말을 전하는 경우)

ニュースによると                  뉴스에 의하면
新聞によると                      신문에 의하면
社長によると                      사장님에 의하면

**단어**

| | |
|---|---|
| 新聞(しんぶん) 신문 | 社長(しゃちょう) 사장 |

## 036 | ~にかんして : ~에 관해서(전문 분야 또는 상세한 설명의 경우)

これにかんして                    이것에 관해서
韓国にかんして                    한국에 관해서
日本にかんして                    일본에 관해서
日本語に関して                    일본어에 관해서

| 勉強にかんして | 공부에 관해서 |
| 専攻にかんして | 전공에 관해서 |

**단 어**

| 専攻(せんこう) 전공 | 韓国(かんこく) 한국 |

## 037 ~にかわって : ~을 대신하여

| 社長にかわって | 사장님을 대신하여 |
| 父にかわって | 아버지를 대신하여 |

## 038 ~にこたえて : ~에 응답해서, ~에 부응해서

| これにこたえて | 이것에 응답해서 |
| 意見にこたえて | 의견에 응답해서 |

**단 어**

| 意見(いけん) 의견 |

## 039 ~にそって : ~에 따라서(정해진 룰이나 규칙)

| 原則にそって | 원칙에 따라서 |
| 会社の原則にそって | 회사의 원칙에 따라서 |
| 決まった法律にそって | 정해진 법률에 따라서 |
| 決まったルールにそって | 정해진 룰에 따라서 |
| 川にそって | 강을 따라서 |

**단 어**

| 原則(げんそく) 원칙 | 法律(ほうりつ) 법률 | 川(かわ) 강, 하천 |

## 040 ~に反(はん)して：~에 반해서(반대)

| | |
|---|---|
| これに反して | 이것에 반해서 |
| 親の意見に反して | 부모님의 의견에 반해서 |

## 041 ~に基(もと)づいて：~에 근거해서, ~을 근거로

| | |
|---|---|
| 事実に基づいて | 사실에 근거해서 |
| データに基づいて | 데이터를 근거로 |

**단 어**

| | |
|---|---|
| 事実(じじつ) 사실 | データ 데이터 |

## 042 ~にわたって：~에 걸쳐서(시간, 지역 모두 가능)

| | |
|---|---|
| 5時間にわたって | 5시간에 걸쳐서 |
| 一週間にわたって | 일주일간에 걸쳐서 |
| 一ヶ月にわたって | 일 개월에 걸쳐서 |
| 全国にわたって | 전국에 걸쳐서 |

**단 어**

| | | |
|---|---|---|
| 一週間(いっしゅうかん) 일주일간 | 一ヶ月(いっかげつ) 일 개월 | 全国(ぜんこく) 전국 |

## 043 ~にあたって：~에 즈음하여(시점, 때)

| | |
|---|---|
| 入学にあたって | 입학에 즈음하여 |
| 一般の公開にあたって | 일반 공개에 즈음하여 |
| 日本に行くにあたって | 일본에 갈 즈음하여 |

**단 어**

| | | |
|---|---|---|
| 入学(にゅうがく) 입학 | 一般(いっぱん) 일반 | 公開(こうかい) 공개 |

## 044 | ~にかけては : ~에 있어서는

| | |
|---|---|
| 数学にかけては | 수학에 있어서는 |
| 数学にかけては自信がある | 수학에 있어서는 자신이 있다 |
| 水泳にかけては | 수영에 있어서는 |
| 水泳にかけては自信がある | 수영에 있어서는 자신이 있다 |

**단어**

| | | |
|---|---|---|
| 数学(すうがく) 수학 | 水泳(すいえい) 수영 | 自信(じしん) 자신 |

## 045 | ~に先(さき)立(だ)って : ~에 앞서서(선행)

| | |
|---|---|
| 映画の開幕に先立って | 영화의 개막에 앞서서 |
| 公開に先立って | 공개에 앞서서 |

**단어**

| | |
|---|---|
| 映画(えいが) 영화 | 公開(こうかい) 공개 |
| 開幕(かいまく) 개막 | 先(さき) 먼저 |

## 046 | ~にしたら : ~라고 한다면(~의 입장에서 보면)

| | |
|---|---|
| 親にしたら | 부모라고 한다면 |

## 047 | ~につき : ~이기 때문에(ので의 격식 있는 표현)

| | |
|---|---|
| 工事中につき | 공사 중이기 때문에 |
| 雨天につき | 우천 때문에 |

**단어**

| | |
|---|---|
| 工事(こうじ) 공사 | 雨天(うてん) 우천 |

## 048　~につけ：~할 때마다

| ごはんを食べるにつけ | 밥을 먹을 때마다 |
| 音楽を聞くにつけ | 음악을 들을 때마다 |

## 049　~にしては：~한 것 치고는

| 日本語を20年教えているにしては | 일본어를 20년 가르치고 있는 것 치고는 |
| 日本語を20年教えたにしては | 일본어를 20년 가르친 것 치고는 |
| 日本に20年いたにしては | 일본에 20년 있던 것 치고는 |

## 050　~にしろ：~든

| 男にしろ女にしろ | 남자든 여자든 |
| お金にしろ服にしろ | 돈이든 옷이든 |

## 051　~にかかわらず：~에 관계없이

| 出席にかかわらず | 출석에 관계없이 |
| 参加にかかわらず | 참가에 관계없이 |

### 단어

| 出席(しゅっせき) 출석 | 参加(さんか) 참가 |

## 052　~にもかかわらず：~임에도 불구하고

| 熱があるにもかかわらず | 열이 있음에도 불구하고 |
| ご多忙にもかかわらず | 다망함에도 불구하고 |
| 幼いにもかかわらず | 어림에도 불구하고 |

**단어**

熱(ねつ) 열 | 多忙(たぼう) 다망 | 幼い(おさない) 어리다

## 053 ~にかぎる：~에 한하다(제한)

先着50名様にかぎる 선착순 50명에 한하다
女性にかぎる 여성에 한하다

**단어**

先着(せんちゃく) 선착 | 女性(じょせい) 여성

## 054 ~にかぎらず：~에 한하지 않고

韓国にかぎらず 한국에 한하지 않고
日本にかぎらず 일본에 한하지 않고

## 055 ~にほかならない：~에 다름 아니다, 바로 ~때문이다

みんなのご協力の結果にほかならない 모두의 협력의 결과이다
みんなの努力にほかならない 모두의 노력에 다름 아니다(노력 때문이다)

**단어**

協力(きょうりょく) 협력 | 結果(けっか) 결과 | 努力(どりょく) 노력

## 056 ~にきまっている：~로 정해져 있다

実力からみてAチームが勝つに決まっている 실력으로 봐서 A팀이 이기기로 정해져 있다
数学は100点に決まっている 수학은 100점으로 정해져 있다

**단어**

数学(すうがく) 수학

## 057 | ~にすぎない：~에 불과하다, ~에 지나지 않다

担当者にすぎない        담당자에 불과하다

うわさにすぎない        소문에 불과하다

**단 어**

担当者(たんとうしゃ) 담당자        うわさ 소문

## 058 | ~に相違(そうい)ない：~틀리지 않다

上記の内容は事実に相違ない        상기 내용은 사실에 틀리지 않다

**단 어**

上記(じょうき) 상기        内容(ないよう) 내용        事実(じじつ) 사실

## 059 | ~に違いない：~임에 틀림이 없다

道に落としたに違いない        길에 떨어트렸음에 틀림없다

とても高いに違いない        매우 비쌈에 틀림이 없다

たばこを吸うに違いない        담배를 피움에 틀림이 없다

**단 어**

道(みち) 길        落とす(おとす) 떨어트리다        吸う(すう) 빨다, (담배)피우다

## 조사 'を'를 동반하는 문형

## 060 | ~を中心に：~을 중심으로

駅を中心に        역을 중심으로

社長を中心に        사장님을 중심으로

**단 어**

駅(えき) 역

## 061 ~を問(と)わず : ~을 불문하고

| | |
|---|---|
| 国籍を問わず | 국적을 불문하고 |
| 男女を問わず | 남녀를 불문하고 |
| 年を問わず | 나이를 불문하고 |

**단 어**

| 国籍(こくせき) 국적 | 男女(だんじょ) 남녀 | 年(とし) 나이 |
|---|---|---|

## 062 ~をはじめ : ~을 비롯하여

| | |
|---|---|
| 社長をはじめ | 사장님을 비롯하여 |
| 家族をはじめ | 가족을 비롯하여 |
| 私をはじめ | 나를 비롯하여 |

**단 어**

家族(かぞく) 가족

## 063 ~をもとに : ~을 근거로

| | |
|---|---|
| 事実をもとに | 사실을 근거로 |
| 本をもとに | 책을 근거로 |

**단 어**

| 本(ほん) 책 | 事実(じじつ) 사실 |
|---|---|

## 064 | ~をこめて : ~을 담아서

| | |
|---|---|
| 心をこめて | 마음을 담아서 |
| 怒りをこめて | 분노를 담아서 |
| 感謝をこめて | 감사를 담아서 |

**단어**

| | | |
|---|---|---|
| 心(こころ)마음 | 怒り(いかり)분노, 화 | 感謝(かんしゃ)감사 |

## 065 | ~を通じて : ~을 통해서

| | |
|---|---|
| 秘書を通じて | 비서를 통해서 |
| メールを通じて | 메일을 통해서 |

**단어**

秘書(ひしょ)비서

## 066 | ~をめぐって : ~을 둘러싸고

| | |
|---|---|
| 賛否をめぐって | 찬반을 둘러싸고 |
| 私をめぐって | 나를 둘러싸고 |

**단어**

賛否(さんぴ)찬반

## 067 | ~をきっかけに : ~을 계기로

| | |
|---|---|
| これをきっかけに | 이것을 계기로 |
| 旅行をきっかけに | 여행을 계기로 |
| 日本語をきっかけに | 일본어를 계기로 |

## 단어

旅行(りょこう) 여행

---

**068** | ~を契機(けいき)に : ~을 계기로

この事件をけいきに　　　　　　　　이 사건을 계기로
これをけいきに　　　　　　　　　　이것을 계기로

## 단어

事件(じけん) 사건　　　　　　契機(けいき) 계기

---

# 조사처럼 외워야 하는 구문

**069** | はず : ~할 것, 당연히 ~할 것(당연한 일, 강한 추측)

行くはずだ　　　　　　　　　　　　(당연히) 갈 것이다
わかるはずだ　　　　　　　　　　　(당연히) 알 것이다
頭がいいからわかるはずだ　　　　　머리가 좋으니까 알 것이다
食べないはずだ　　　　　　　　　　먹지 않을 터이다
野菜がきらいから野菜パンは食べないはずだ 야채를 싫어하니 야채 빵은 먹지 않을 터이다

※ はずがない : 하지 않을 것이다, ~할 리가 없다

行くはずがない　　　　　　　　　　갈 리가 없다
食べるはずがない　　　　　　　　　먹을 리가 없다
新鮮なはずがない　　　　　　　　　신선할 리가 없다
予習してくるはずがない　　　　　　예습해 올 리가 없다

## 단어

頭(あたま) 머리　　　　　　　　野菜(やさい) 야채
予習(よしゅう) 예습　　　　　　パン 빵

## 070 | おきに：~걸러, ~마다, ~간격으로

| | |
|---|---|
| 一日おきに | 하루 걸러 |
| ふつかおきに | 이틀마다 |
| 一週間おきに | 일주일 간격으로 |

## 071 | ごとに：~마다(おきに보다 시간 간격이 좁음)

| | |
|---|---|
| 4時間ごとに | 4시간마다 |
| 30分ごとにチェックします | 30분마다 체크합니다 |

## 072 | 中：~하는 중, ~하는 내내

| | |
|---|---|
| ① ちゅう：電話中(でんわちゅう) | 전화 중 |
| ② じゅう：一日中(いちにちじゅう) | 하루 종일 |

## 073 | くらい：정도(수량)

| | |
|---|---|
| ここから1時間くらいかかります | 이곳부터 1시간 정도 걸립니다 |
| 一週間くらい必要です | 일주일 정도 필요합니다 |

**단 어**

**必要(ひつよう)** 필요

## 074 | ほど：정도, 만큼(눈에 보이지 않는 정도)

| | |
|---|---|
| あなたほど日本語が上手ではありません | 당신만큼 일본어가 능숙하지 않습니다 |
| 山ほどある | 산만큼 (많이) 있다 |

**단 어**

山(やま) 산

## 075 | ということだ : ~라고 한다, ~라고 들었다(전문)

ニュースによるとあしたからガソリン代が値上げされるということだ
뉴스에 의하면 내일부터 기름값이 인상된다고 한다

事件の原因はまだわからないということだ
사고의 원인은 아직 모른다고 한다

どなたも発言しないということは同意ということですね
아무도 발언하지 않는다는 것은 동의한다는 의미인 것이군요

### 단어

| | |
|---|---|
| 値上げる(ねあげる) 인상되다 | 同意(どうい) 동의 |
| 発言(はつげん) 발언 | どなた 어느 분 |

## 076 | ~さえ ~れば : ~만(조차) ~하면(최저조건)

| | |
|---|---|
| 携帯さえあれば | 휴대전화만 있으면 |
| 地図さえあれば | 지도만 있으면 |
| お金さえあれば | 돈만 있으면 |
| あなたさえいれば | 당신만 있으면 |

### 단어

| | |
|---|---|
| 携帯(けいたい) 휴대전화 | 地図(ちず) 지도 |

## 077 | からといって : ~라고 해서

| | |
|---|---|
| お金があるからといって | 돈이 있다고 해서 |
| お金があるからといって幸せじゃない | 돈이 있다고 해서 행복한 건 아니다 |

### 단어

| |
|---|
| 幸せ(しあわせ) 행복 |

| 078 | ~も ~れば ~もある：~도 ~있고(있으면) ~도 있다 |
| --- | --- |

千も出す人もいれば一万も出す人もいる     천을 내는 사람도 있고 1만을 내는 사람도 있다
いいこともあれば悪いこともある     좋은 일이 있으면 나쁜 일도 있다

| 079 | だらけ：~투성이 |
| --- | --- |

| 泥だらけ | 진흙투성이 |
| 血だらけ | 피투성이 |
| 間違いだらけ | 잘못투성이 |

**단어**

| 泥(どろ) 진흙 | 血(ち) 피 | 間違い(まちがい) 잘못 |
| --- | --- | --- |

| 080 | こそ：~야 말로 |
| --- | --- |

| わたしこそ | 저야말로 |
| こちらこそ | 이쪽이야말로 |
| こここそ | 이곳이야말로 |

| 081 | さえ：~만(최저 조건) |
| --- | --- |

| これさえわかれば | 이것만 알면 |
| お金さえ | 돈만 |

| 082 | など：~등 |
| --- | --- |

| これなど | 이것 등 |
| 品物など | 물건 등 |

品物(しなもの) 물건

## 083 | なんか, なんて : 따위

| | |
|---|---|
| テレビなんか | 텔레비전 따위 |
| ネクタイなんか | 넥타이 따위 |
| お金なんて | 돈 따위 |

## 084 | ~かと思うと : ~하나 싶더니, ~라고 생각했는데

| | |
|---|---|
| 勉強を始めたかと思うと | 공부를 시작했나 싶더니 |
| 勉強を始めたかと思うとすぐ寝てしまう | 공부를 시작했나 싶더니 금세 자 버리다 |
| 空が暗くなったかと思うと | 하늘이 어두워졌나 싶더니 |
| 空が暗くなったかと思うと雷が鳴った | 하늘이 어두워졌나 싶더니 천둥이 쳤다 |

**단어**

| | | |
|---|---|---|
| 雷(かみなり) 천둥 | 鳴る(なる) (천둥)치다, 울리다 | 空(そら) 하늘 |

## 085 | ~か~ないかのうちに : ~라고 생각했는데 곧바로, 채 ~하기도 전에

先生のお話が終わるか終わらないかのうちに

선생님의 말이 끝나는지 끝나지 않는지 하는 동안 (=선생님의 말이 채 끝나기도 전에)

見るか見ないかのうちに

보는지 보지 않는지 하는 사이에 바로(=보는 둥 마는 둥 하다 바로)

話しかけるか話しかけないかのうちに

이야기를 거는지 걸지 않는지 하는 사이에(=채 말을 걸기도 전에)

食べるか食べないかのうちに

먹는지 먹지 않는지 하는 동안에 바로(=먹는지 안 먹는지 모르는 사이에)

食べるか食べないかのうちにすぐ一口で飲み込んだ

먹는지 먹지 않는지 하는 사이에 한입에 삼켰다(= 먹는지 안 먹는지 모르는 사이에)

| | |
|---|---|
| 一口(ひとくち) 한입 | 飲み込む(のみこむ) 삼키다 |

## 086 | として : ~로서(자격)

| | |
|---|---|
| 先生として | 선생님으로서 |
| 親として | 부모로서 |
| 学生として | 학생으로서 |
| 夫として | 남편으로서 |
| 妻として | 아내로서 |

| | | |
|---|---|---|
| 学生(がくせい) 학생 | 夫(おっと) 남편 | 妻(つま) 아내 |

## 087 | からして : ~부터가

| | |
|---|---|
| 空気からして | 공기부터가 |
| 雰囲気からして | 분위기부터가 |

| | |
|---|---|
| 空気(くうき) 공기 | 雰囲気(ふんいき) 분위기 |

## 088 | からみると : ~의 입장에서 보면

| | |
|---|---|
| 親からみると | 부모의 입장에서 보면 |

## 089 | ~というと : ~로 말할 것 같으면

日本の料理というと何と言ってもすしでしょう

일본 요리로 말하자면 뭐니 해도 초밥이지요

韓国というと何と言ってもキムチでしょう 한국으로 말할 것 같으면 뭐니 해도 김치지요

## 090 ~というより：~라고 하기보다

| | |
|---|---|
| 勧めるというより直接してみたほうがよい | 권유하기보다 직접해 보는 편이 좋다 |
| あのひとはきれいというより上品だ | 저 사람은 예쁘다고 하기보다 고상하다 |
| あのひとは先生というより作家である | 저 사람은 선생이라기보다 작가이다 |

### 단어

上品(じょうひん) 고상, 고귀함      作家(さっか) 작가

## 091 ~ば~ほど：~하면 할수록

| | |
|---|---|
| 読めば読むほど | 읽으면 읽을수록 |
| 食べれば食べるほど | 먹으면 먹을수록 |
| 勉強すればするほど | 공부하면 할수록 |
| 行けば行くほど | 가면 갈수록 |
| 会えば会うほど | 만나면 만날수록 |

## 092 どころではない：~할 형편이 아니다

| | |
|---|---|
| 手伝うどころではない | 도와줄 형편이 아니다 |
| 手伝うどころではなかった | 도와줄 상황이 아니었다 |
| 手伝うどころではなかったです | 도와줄 형편이 아니었습니다 |
| 仕事が忙しすぎて人を手伝うどころではない | |

일이 너무 바빠서 다른 사람을 도와줄 형편이 아니다

| | |
|---|---|
| 朝ごはんを食べるどころではない | 아침을 먹을 상황이 아니다 |
| 朝ごはんを食べるどころではなかった | 아침을 먹을 상황이 아니었다 |
| まだ寒くて海で泳ぐどころではない | 아직 추워서 바다에서 수영할 상황이 아니다 |

### 단어

手伝う(てつだう) 돕다      朝ごはん(あさごはん) 아침밥      寒い(さむい) 춥다

## 093 | かのようだ : 연체형 접속 + ~인 것 같다

| | |
|---|---|
| 雪がきたかのようだ | 눈이 온 것 같다 |
| 風がふいているかのようだ | 바람이 불고 있는 것 같다 |

### 단어

| | | |
|---|---|---|
| 雪(ゆき) 눈 | 風(かぜ) 바람 | ふく (바람)불다 |

## 094 | うえに : ~뿐만 아니라

| | |
|---|---|
| 頭がいい上に | 머리가 좋을 뿐만 아니라 |
| 性格が親切なうえに | 성격이 친절할 뿐만 아니라 |

### 단어

| |
|---|
| 性格(せいかく) 성격 |

## 095 | うちに : ~동안에, 전에

| | |
|---|---|
| 食べているうちに | 먹고 있는 동안에 |
| テレビを見るているうちに | 텔레비전을 보고 있는 동안에 |
| 日本にいるうちに | 일본에 있는 동안에 |
| 冷めないうちに | 식지 않는 동안에 |

### 단어

| |
|---|
| 冷める(さめる) 식다 |

## 096 | おかげで : 덕분에

| | |
|---|---|
| 先生のおかげで | 선생님 덕분에 |
| あなたのおかげで | 당신 덕분에 |
| みんなのご協力のおかげで | 모두의 협력 덕분에 |

## 097 | かわりに：~대신에

| | |
|---|---|
| 母のかわりに | 엄마 대신에 |
| 親のかわりに | 부모님 대신에 |
| 社長のかわりに | 사장님 대신에 |
| チーム長のかわりに | 팀장님 대신에 |
| チーム長のかわりに出張に行くことになりました | |
| 팀장님 대신에 출장을 가게 되었습니다 | |

**단어**

| | | |
|---|---|---|
| 出張(しゅっちょう) 출장 | チーム長(ちょう) 팀장 | はは 엄마 |

## 098 | せいで：~탓으로

| | |
|---|---|
| 自分のせいで | 내 탓으로 |
| あなたのせいで | 당신 탓으로 |
| 親のせいで | 부모 탓으로 |

## 099 | たびに：~때마다

| | |
|---|---|
| 食べるたびに | 먹을 때마다 |
| おいしいものを食べるたびに | 맛있는 것을 먹을 때마다 |
| 聞くたびに | 들을 때마다 |
| この歌を聞くたびに | 이 노래를 들을 때마다 |

**단어**

| |
|---|
| 歌(うた) 노래 |

## 100 | とおり：~대로

| | |
|---|---|
| 説明書のとおり | 설명서대로 |

社長の指示のとおり　　　　　　　　　　사장님 지시대로

**단어**

説明書(せつめいしょ) 설명서　　　　指示(しじ) 지시

## 101  ところに : ~중에

お忙しいところに　　　　　　　　　　바쁘신 와중에
話をしているところに　　　　　　　　이야기하고 있는 중에

## 102  とか : ~라든지(여러 가지 중 하나를 골라서 말할 때)

バスとかタクシとか　　　　　　　　　버스라든지 택시라든지
バスとかタクシとか速く来てください　버스든 택시든 빨리 와 주세요
映画とか展示会とか　　　　　　　　　영화든지 전시회든지
映画とか展示会とか見に行きましょう　영화든 전시회든 보러 갑시다

**단어**

展示会(てんじかい) 전시회

## 103  ばかりに : ~인 탓에

日本語が下手なばかりに　　　　　　　일본어가 서툰 탓에

## 104  ~はもちろん : ~은 물론(이고)

あなたはもちろん　　　　　　　　　　당신은 물론이고
会社はもちろん　　　　　　　　　　　회사는 물론
お酒はもちろん　　　　　　　　　　　술은 물론

| 105 | ないように : ~하지 않도록 |
|---|---|

| | |
|---|---|
| 習わないように | 배우지 않도록 |
| 急がないように | 서두르지 않도록 |
| 飲まないように | 마시지 않도록 |
| 食べないように | 먹지 않도록 |
| 忘れないように | 잊지 않도록 |
| 行かないように | 가지 않도록 |
| しないように | 하지 않도록 |
| こないように | 오지 않도록 |

**단 어**

| | |
|---|---|
| 急ぐ 서두르다 | くる 오다 |

| 106 | 一方(いっぽう)だ : (계속) ~하기만 하다, 오로지 ~하기만 하다 |
|---|---|

| | |
|---|---|
| 増える一方だ | (살이) 찌기만 하다, 증가하기만 하다 |
| 悪くなる一方だ | 나빠지기만 하다 |

**단 어**

| |
|---|
| 増える(ふえる) 증가하다 |

| 107 | おそれがある : 우려가 있다, 안 좋은 일이 일어날 염려가 있다 |
|---|---|

台風が北上するおそれがある  　태풍이 북상할 우려가 있다

落第するおそれがあって熱心に勉強しなければなりません

낙제할 우려가 있으니 열심히 공부하지 않으면 안 됩니다.

**단 어**

| | |
|---|---|
| 台風(たいふう) 태풍 | 北上(ほくじょう) 북상 |
| 落第(らくだい) 낙제 | 熱心(ねっしん) 열심 |

## 108 | ことになっている : ~하기로 되어 있다(약속)

| | |
|---|---|
| 会うことになっている | 만나기로 되어 있다 |
| 8時にあうことになっている | 8시에 만나기로 되어 있다 |
| あした日本に行くことになっている | 내일 일본에 가기로 되어 있다 |
| あした話をすることになっている | 내일 이야기를 하기로 되어 있다 |

## 109 | ことはない : ~할 필요가 없다

| | |
|---|---|
| 行くことはない | 갈 필요가 없다 |
| 空港まで行くことはない | 공항까지 갈 필요가 없다 |
| 空港まで迎えに行くことはない | 공항까지 마중갈 필요가 없다 |
| 薬をのむことはない | 약을 먹을 필요가 없다 |
| そこまで行くことはない | 그곳까지 갈 필요가 없다 |
| 悲しむことはない | 슬퍼할 필요가 없다 |

### 단어

| | |
|---|---|
| 空港(くうこう) 공항 | 迎える(むかえる) 마중하다 ※ 동사 ます형 + に : ~하러 |
| 薬(くすり) 약 | 悲しむ(かなしむ) 슬퍼하다 |

## 110 | しかない : ~할 수밖에 없다

| | |
|---|---|
| 歩いて行くしかない | 걸어갈 수밖에 없다 |
| 食べるしかない | 먹을 수밖에 없다 |
| 飲むしかない | 마실 수밖에 없다 |
| 行くしかない | 갈 수밖에 없다 |

## 111 | ~から~にかけて : ~부터 ~에 걸쳐서(시간, 공간 모두 가능)

| | |
|---|---|
| 東北地方から関西地方にかけて | 도호쿠 지방부터 간사이 지방에 걸쳐서 |
| 5時から10時にかけて | 5시부터 10시에 걸쳐서 |

| ここからあそこにかけて | 이곳부터 저곳에 걸쳐서 |
| 10月から12月にかけて | 10월부터 12월에 걸쳐서 |

| 東北(とうほく) 동북 | 地方(ちほう) 지방 | 関西(かんさい) 간사이(오사카 일대) |

## 112 わけだ : ~이유다

| これがこの問題のわけだ | 이것이 이 문제의 이유다 |
| これが私が遅れたわけです | 이것이 내가 늦은 이유입니다 |

## 113 わけがない : ~일 리가 없다

| 行くわけがない | 갈 리가 없다 |
| 食べるわけがない | 먹을 리가 없다 |
| 新鮮なわけがない | 신선할 리가 없다 |
| 予習してくるわけがない | 예습해 올 리가 없다 |

| 予習(よしゅう) 예습 | 新鮮な(しんせんな) 신선한 |

## 114 わけにはいかない : ~할 수 없다

| 約束したから話すわけにはいかない | 약속했기 때문에 이야기할 수 없다 |
| 韓国に帰るわけにはいかない | 한국으로 돌아갈 수 없다 |

| 帰る(かえる) 돌아가다 |

## 115 わけではない：~인 것은 아니다(부분부정)

| あなたの心がわからないわけではない | 당신 마음을 모르는 것은 아니다 |
| この意見をことわるわけではない | 이 의견을 거절하는 것은 아니다 |

**단어**

意見(いけん) 의견 　　　　　断る(ことわる) 거절하다

## 116 ばかりか：~뿐만 아니라(첨가)

| こればかりか | 이것뿐만 아니라 |
| あなたばかりか | 당신뿐만 아니라 |
| この課程ばかりか | 이 과정뿐만 아니라 |
| この仕事ばかりか | 이 일뿐만 아니라 |

**단어**

課程(かてい) 과정

## 117 いっぽうで：~하는 한편으로

価額がねあげられるいっぽうで輸出は減少する

가격이 인상되는 한편으로 수출은 감소한다

**단어**

価額(かがく) 가격 　　　　　値あげる(ねあげる) 인상하다
輸出(ゆしゅつ) 수출 　　　　　減少(げんしょう) 감소

## 118 あまり：~한 나머지

| 過労したあまり | 과로한 나머지 |
| 仕事に熱中したあまり | 일에 열중한 나머지 |

## 단어

| | |
|---|---|
| 過労(かろう) 과로 | 熱中(ねっちゅう) 열중 |

---

### 119 　かぎり：~하는 한

| | |
|---|---|
| 行かないかぎり | 가지 않는 한 |
| 食べているかぎり | 먹고 있는 한 |
| 夜遅く食べているかぎりやせない | 밤늦게 먹는 한 (살이) 빠지지 않는다 |
| 勉強しないかぎり | 공부하지 않는 한 |

---

### 120 　ないくせに：하지 않는 주제에

| | |
|---|---|
| よく知らないくせに | 잘 알지도 못하는 주제에 |
| してみないくせに | 해보지도 않는 주제에 |

## 단어

知る(しる) 알다

---

### 121 　ことから：~한 것을 보니

髪の毛が濡れていることから雨に降られたようだ

머리가 젖은 것을 보니 비를 맞은 것 같다

勉強を熱心にしていることから成績が上がるようだ

공부를 열심히 하는 걸 보니 성적이 오를 것 같다

## 단어

| | |
|---|---|
| 髪の毛(かみのけ) 머리카락 | 濡れる(ぬれる) 젖다 |
| 成績(せいせき) 성적 | 上がる(あがる) 오르다 |

## 122 | ことに : ~하게도

| | |
|---|---|
| 残念なことに | 유감스럽게도 |
| 幸なことに | 다행스럽게도 |

**단어**

残念(ざんねん) 유감　　　幸(さいわい) 다행

## 123 | 上 : 상

| | |
|---|---|
| 契約上 | 계약상 |
| 書類上 | 서류상 |

**단어**

契約(けいやく) 계약　　　書類(しょるい) 서류

## 124 | ついでに : ~하는 김에

| | |
|---|---|
| マートに行くついでに | 마트에 가는 김에 |
| デパートに行くついでに | 백화점에 가는 김에 |
| 会社に行ったついでに | 회사에 갔던 김에 |

## 125 | ものか : 결코 ~이 아니다 (けっして ~ない)

| | |
|---|---|
| 迷惑じゃありませんか | 폐를 끼치는 것 아닙니까(폐가 아닙니까)? |
| ぜんぜん迷惑なものか | 전혀 폐가 아니다 |

## 126 | ものだ : ~인 법이다, ~해야 한다 (당위)

| | |
|---|---|
| 学生なら勉強するものだ | 학생이라면 공부해야 하는 법이다 |

## 127 | したものだ：~하곤 했다(과거 회상)

勉強したものだ                          공부하곤 했다

## 128 | ものなら：~한다면(실현 가능성이 낮은 일)

生まれ変わるものなら                     다시 태어난다면
鳥になって飛べるものなら                  새가 되어 날 수 있다면

### 단어

生まれる(うまれる) 태어나다      鳥(とり) 새

## 129 | ものの：~이지만(=けれども)

行ったものの                            갔지만
食べたものの                            먹었지만
食べたもののお腹が空きます                먹었지만 배가 고픕니다

## 130 | ものがある：~한 점이 있다

田中さんには人を引き付けるものがある       다나카 씨에게는 사람을 끌어당기는 점이 있다
なんか２％たりないものがある              뭔가 2% 부족한 점이 있다

### 단어

引き付ける(ひきつける) 끌어당기다

## 131 | ものだから：~이기 때문에(이유, 변명)

地下鉄が遅れたものだから                  지하철이 늦었기 때문에
頭が痛いものだから                       머리가 아파서
朝遅く起きたものだから                    아침 늦게 일어났기 때문에

## 132 ことだから : ~이기 때문에(모두가 알고 있는 사실)

林さんのことだから喜んでしてくれるだろう

하야시 씨이니까 기꺼이 해줄 것이다

大企業のことだからこのくらいはできるだろう

대기업이니 이 정도는 가능할 것이다

### 단어

喜ぶ(よろこぶ) 기뻐하다    大企業(だいきぎょう) 대기업

## 133 ことなく : ~하지 않고, ~하는 일 없이

| | |
|---|---|
| 休むことなく | 쉬는 일 없이(쉬지 않고) |
| 24時間休むことなく稼動している | 24시간 쉬지 않고 가동하고 있다 |
| 飽きることなく | 질리지 않고 |
| 飽きることなく楽しんでいる | 질려 하지 않고 즐기고 있다 |

### 단어

稼動(かどう) 가동    飽きる(あきる) 질리다    楽しむ(たのしむ) 즐기다

## 134 際(さい)は : ~때는

| | |
|---|---|
| 帰国の際は | 귀국 때는 |
| 会議の際は | 회의 때는 |

### 단어

帰国(きこく) 귀국    会議(かいぎ) 회의

## 135 どころか : ~은커녕

1万円はどころか5千円もない    1만 엔은커녕 5천 엔도 없다

## 136 ｜ ないことには : ~하지 않고는

| | |
|---|---|
| 実際読まないことには | 실제로 읽지 않고는 |
| 一度食べてみないことには | 한번 먹어 보지 않고는 |
| 最後までやりぬかないことには | 끝까지 하지 않고는 |

### 단 어

| | |
|---|---|
| 実際(じっさい) 실제 | 最後(さいご) 최후, 마지막 |

## 137 ｜ 反面(はんめん) : ~인 반면

| | |
|---|---|
| 成績が上がる反面、競争率が激しくなる | 성적이 오르는 반면 경쟁률이 심해진다 |

### 단 어

| | |
|---|---|
| 競争率(きょうそうりつ) 경쟁률 | 激しい(はげしい) 심하다 |

## 138 ｜ ばかりに : ~인 탓에

| | |
|---|---|
| 日本語が下手なばかりに | 일본어가 서툰 탓에 |
| よくわからないばかりに | 잘 알지 못하는 탓에 |
| まだ幼いばかりに | 아직 어린 탓에 |

### 단 어

| |
|---|
| 幼い(おさない) 어리다 |

## 139 ｜ のみならず : ~뿐(만) 아니라

| | |
|---|---|
| これのみならず | 이것뿐만이 아니라 |
| 韓国のみならず | 한국뿐 아니라 |
| 先生のみならず | 선생님뿐만이 아니라 |
| 田中さんのみならず | 다나카 씨뿐 아니라 |

## 140 わりに：~에 비해서

| 食べるわりに | 먹는 데 비해서 |
| 年をとるわりには | 나이를 먹는 데 비해서는 |

## 141 ことか：~했던가(감탄, 탄식)

| 待っていたことか | (얼마나) 기다리고 있었던가 |
| 会ってみたかったことか | (얼마나) 만나고 싶었던가 |

## 142 ことだ：~해야 한다, ~하는 것이 좋다(권유, 추천)

| 寝ることだ | 자야 한다 |
| 風邪気味なら早く寝ることだ | 감기 기운이면 자는 게 좋다 |
| 勉強するなら家がいいことだ | 공부를 한다면 집이 좋다 |
| あした会議があるなら早く寝ることだ | 내일 회의가 있으면 일찍 자는 게 좋다 |

## 143 からには：~하는 이상

| 大会に出るからには | 대회에 나가는 이상 |
| 大会に出るからには優勝したい | 대회에 나가는 이상 우승하고 싶다 |
| 試験を受けるからには | 시험을 보는 이상 |
| 試験を受けるからには100点を取りたい | 시험을 보는 이상 100점을 맞고 싶다 |

## 'た'형 접속

## 144 ~たことがある：~한 적이 있다

| 日本に行ったことがある | 일본에 간 적이 있다 |
| 食べたことがある | 먹은 적이 있다 |

勉強したことがある                                   공부한 적이 있다

勉強したことがあります                            공부한 적이 있습니다

## 145 ~たとたん : ~하자마자

着いたとたん                                        도착하자마자

見たとたん                                          보자마자

食べたとたん                                        먹자마자

食べたとたん吐きました                           먹자마자 토했습니다

会ったとたん抱きしめた                          만나자마자 껴안았다

### 단어

着く(つく) 도착하다             吐く(はく) 토하다             抱きしめる(だきしめる) 껴안다

## 146 ~たところ : ~했더니

使ってみたところ                                  사용해 보았더니

食べたところ                                        먹었더니

見てみたところ                                     봐 보았더니

勉強したところ                                     공부했더니

### 단어

使う(つかう) 사용하다

## 147 ~たすえ : ~한 끝에

考えたすえ                                          생각한 끝에

道に迷ったすえ                                   길을 헤맨 끝에

### 단어

迷う(まよう) 헤매다 ※ 迷う 앞에는 항상 조사 'に'가 온다(=道に迷う : 길을 헤매다, 길을 잃다)

## 148 ~たあげく : ~한 끝에

| | |
|---|---|
| 悩んだあげく | 고민한 끝에 |
| 悩んだあげく大学院には行かないことにした | 고민한 끝에 대학원에는 가지 않기로 했다. |

## 149 ~たほうがいい : ~하는 편이 좋다

| | |
|---|---|
| 行ったほうがいい | 가는 편이 좋다 |
| 食べたほうがいい | 먹는 편이 좋다 |
| 勉強したほうがいい | 공부하는 편이 좋다 |

※ ないほうがいい : ~하지 않는 쪽(편)이 좋다

| | |
|---|---|
| 行かないほうがいい | 가지 않는 편이 좋다 |
| たべないほうがいい | 먹지 않는 쪽이 좋다 |
| こないほうがいい | 오지 않는 편이 좋다 |
| こないほうがよかった | 오지 않는 쪽이 좋았다 |

## 150 ~たきり : ~한 채(~한 상태로 그 상태가 지속)

| | |
|---|---|
| 寝たきり | 누운 채 |
| 寝たきり老人 | 누워만 있는 노인 |
| 行ったきり | 간 채 |
| アメリカに行ったきりで一度も帰ってこない | 미국에 간 채로 한 번도 돌아오지 않는다 |
| １０年前会ったきりで一度も会えなかった | 10년 전에 만난 채 한 번도 만날 수 없었다 |

# 'て'형 접속

## 151 | ~てしょうがない : ~해서 방법이 없다

| | |
|---|---|
| 行ってしまってしょうがない | 가 버려서 방법이 없다 |
| 話してしまってしょうがない | 이야기해 버려서 방법이 없다 |
| 全部食べてしまってしょうがない | 전부 먹어 버려서 방법이 없다 |
| 見てしまってしょうがない | 봐 버려서 방법이 없다 |

## 152 | ~てならない : ~해서 견딜 수가 없다

| | |
|---|---|
| 会いたくてならない | 보고 싶어서 견딜 수가 없다 |
| 行きたくてならない | 가고 싶어서 견딜 수가 없다 |
| 食べたくてならない | 먹고 싶어서 견딜 수가 없다 |

## 153 | ~てたまらない : ~해서 참을 수가 없다

| | |
|---|---|
| 会いたくてたまらない | 보고 싶어서 참을 수가 없다 |
| 行きたくてたまらない | 가고 싶어서 참을 수가 없다 |
| 食べたくてたまらない | 먹고 싶어서 참을 수가 없다 |

## 154 | ~てからでないと : ~하고 나서가 아니면

| | |
|---|---|
| 教育を受けてからでないと | 교육을 받고 나서가 아니면 |
| 食べてからでないと | 먹고 나서가 아니면 |
| 会ってからでないと | 만나 보고서가 아니면 |
| 検討してからでないと | 검토하고 나서가 아니면 |

### 단어

| | |
|---|---|
| 教育(きょういく) 교육 | 検討(けんとう) 검토 |

## 155 ~て以来(いらい) : ~한 이래

| | |
|---|---|
| 会って以来 | 만난 이래 |
| 入社して以来 | 입사한 이래 |
| この本を読んで以来 | 이 책을 읽은 이래 |

## 베스트 중요 구문

## 156 むきだ : ~에 적합하다(어떤 대상이든 모두 가능)

| | |
|---|---|
| 四季むきだ | 사계절에 적합하다 |
| 初心者むきだ | 초보자에게 적합하다 |
| 年よりむきの仕事 | 나이든 사람에게 적합한 일 |

**단어**

| 四季(しき) 사계 | 初心者(しょしんしゃ) 초심자 | 年より(としより) 어른 |
|---|---|---|

## 157 むけ : ~용(특별한 대상을 위해 만든 것)

| | |
|---|---|
| 子供向け | 아이용 |
| 大人向け | 어른용 |
| 女性向け | 여성용 |
| 日本向け | 일본용 |

## 158 ~まい : ①~없을 것이다(부정 추측) ②~하지 않겠다(부정 의지)

① 없을 것이다

| | |
|---|---|
| 遭難するまい(＝遭難しないだろう) | 조난하지 않을 것이다 |

② ~하지 않겠다

| | |
|---|---|
| 二度と行くまい | 두 번 다시 가지 않겠다 |

## 159 | べき : ~해야만 한다(당위)

| | |
|---|---|
| 行くべきだ | 가야만 한다 |
| 注意すべきだ | 주의해야만 한다 |
| 注意すべきな点 | 주의해야 할 점 |
| 注意すべきな点をご説明させていただきます | 주의해야 할 점을 설명드리겠습니다 |

## 160 | かまわず : 상관없이

| | |
|---|---|
| 国籍もかまわず | 국적도 상관없이 |
| 男女もかまわず | 남녀도 상관없이 |
| 年もかまわず | 나이도 상관없이 |

## 161 | ぬきで : 제외하고, 빼고

| | |
|---|---|
| あなたをぬきで | 당신을 제외하고 |
| わたしぬきで | 나를 빼고 |
| 朝食ぬきで５００円です | 조식 빼고 500엔입니다 |
| 朝食ぬきで会社へ行きます | 아침을 거르고 회사에 갑니다 |

## 162 | もとで : ~의 아래에서, ~의 슬하에서

| | |
|---|---|
| 先生のご指導のもとで | 선생님 지도 아래에서 |
| 親のもとで | 부모님 슬하에서 |

指導(しどう) 지도

## 163 ~やら~やら : ~도 ~도

お酒やらたばこやら　　　　　　　　술도 담배도

父はお酒やらたばこやら体に悪いのは全部する

아버지는 술도 담배도 몸에 나쁜 건 다 한다

体(からだ) 몸

## 164 ように : ~도록

| 行くように | 가도록 |
| --- | --- |
| 薬を飲むように | 약을 먹도록 |
| 見るように | 보도록 |
| 食べるように | 먹도록 |
| 勉強するように | 공부하도록 |
| 来るように | 오도록 |

## 165 はずだ : (당연히) ~할 터(것)이다

| 行くはずだ | (당연히) 갈 터이다 |
| --- | --- |
| 行かないはずだ | 가지 않을 것이다 |
| 勉強するはずだ | 공부할 터이다 |
| 来るはずだ | 올 것이다 |
| 来ないはずだ | 오지 않을 것이다 |

| 166 | ばかり：~만 |
|---|---|

| 遊んでばかりいる | 놀고만 있다 |
| 勉強ばかり | 공부만 |
| うそばかり | 거짓말만 |

| 167 | ~はともかく：~은 어찌되었든 |
|---|---|

| あなたはともかく | 당신은 어찌되었든 |
| 社員はともかく | 사원은 어찌됐든 |

| 168 | 동사 ます형＋っぱなし：~한 채, 방치해 둔 상태(부정적 느낌) |
|---|---|

| 水を出しっぱなし | 물을 튼 채 |
| おきっぱなし | 놓아둔 채 |

| 169 | ~たまま：~한 채 |
|---|---|

| 口に入ったまま | 입에 넣은 채 |
| そのまま | 그대로 |

| 170 | ない형＋ざるをえない：~하지 않으면 안 된다 |
|---|---|

| 約束を守らざるをえない | 약속을 지키지 않으면 안 된다 |
| 行かざるをえない | 가지 않으면 안 된다 |
| こないざるをない | 오지 않으면 안 된다 |
| 勉強せざるをえない | 공부하지 않으면 안 된다 |

| 단어 |
|---|
| 約束(やくそく) 약속 守る(まもる) 지키다 |

## 171 | だけあって : ~인 만큼

| | |
|---|---|
| 先生だけあって | 선생님인 만큼 |
| 外国人だけあって | 외국인인 만큼 |
| 子供を愛するだけあって | 아이를 사랑하는 만큼 |

## 172 | たとえ ~ても : 설령 ~라 해도

| | |
|---|---|
| たとえ難しくても | 설령 어려워해도 |
| たとえたいへんでも | 설령 힘들더라도 |

## 173 | ~にしろ : ~이라도

| | |
|---|---|
| どんな人間にしろ | 어떤 사람이라도 |
| どんな人間にしろ習うことはあるものだ | 어떤 사람이라도 배울 점은 있는 법이다 |

## 174 | ~につけ ~につけ : ~이든 ~이든

| | |
|---|---|
| 雨につけ風につけ | 비가 오든 바람이 불든 |
| 暑いにつ寒いにつけ | 춥든 덥든 |

## 175 | ぶりに : ~만에

| | |
|---|---|
| 3年ぶり | 3년 만에 |
| 10年ぶりの出会いだ | 10년 만의 만남이다 |
| ひさしぶりに | 오랜만에 |

### 단어

出会い(であい) 만남

## 176 | っけ : ~였지?

| | |
|---|---|
| どこからどこまでだったっけ | 어디부터 어디까지였지? |

## 177 | お＋~する(겸양 공식)

| | |
|---|---|
| わたしがお使いします | 제가 사용하겠습니다 |
| わたしがお書きします | 제가 쓰겠습니다 |
| わたしがお読みします | 제가 읽겠습니다 |

## 178 | お＋~になる(존경 공식)

| | |
|---|---|
| 先生がお読みになる | 선생님이 읽으시다 |
| お使いになる | 사용하시다 |
| お座りになる | 앉으시다 |
| お伝えになる | 전달하시다 |

## 179 | させていただく : ~해서 받겠다(내가 하는 일)

| | |
|---|---|
| 発表させていただく | 발표하겠습니다(발표하도록 하겠습니다) |
| 私が行かせていただきます | 제가 가겠습니다(제가 가도록 하겠습니다) |

**단어**

発表(はっぴょう) 발표

## 180 | 명사에 붙이는 존경의 접두어 - 한자에는 ご, 일본식 단어에는 お

| お | お体(からだ) 몸 | お名前(なまえ) 성함 | お考え(かんがえ) 생각 |
|---|---|---|---|
| お宅(たく) 댁 | お客(きゃく) 손님 | お休(やすみ) 휴일 | |
| ご | ご恩(おん) 은혜 | ご成功(せいこう) 성공 | ご存じ(ぞんじ) 알고 계심 |
| ご家族(かぞく) 가족 | ご案内(あんない) 안내 | ご心配(しんぱい) 걱정 | ご報告(ほうこく) 보고 |

일본어의 기초 세 품사(형용사, 형용동사, 동사)의 활용 학습을 거쳐 중급 단계의 활용 구문을 익히고 일본어 취업을 위한 기본 단계의 구문을 익혔으니 이젠 일본어 능력시험과 JPT에 도전해 본다. 시험에 자주 출제되는 빈도수를 기준으로 공부한다.

## 알맞은 답 찾기(1~247번)

**001** 有能なA君のこと _____ きっといい仕事をするだろう。

① ながら      ② にしたら      ③ だから      ④ にせよ

**002** もう酒は飲まないと決めた _____ どんなに誘われても必ずそれを守ります。

① わけは      ② 以内は      ③ からには      ④ もので

**003** 天気 _____ よければ、よい旅行になるでしょう。

① さえ      ② のみ      ③ しか      ④ ばかりではなく

**004** 文章を書くということは、何かを表現することであり、自分は何を表現したいのか、それをはっきり _____ 何も書けない。

① させないように          ② させてからでないと
③ させてからというのは       ④ させたいからといっても

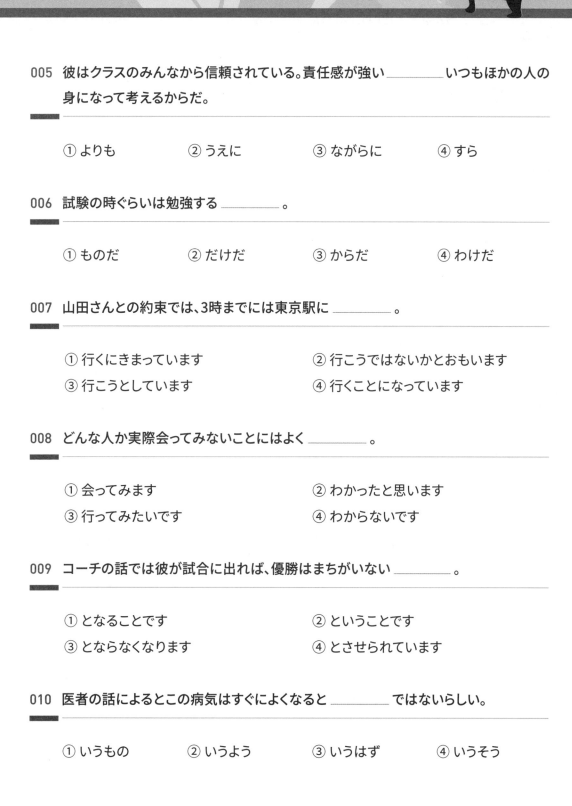

005 彼はクラスのみんなから信頼されている。責任感が強い＿＿＿＿＿いつもほかの人の身になって考えるからだ。

　　　① よりも　　　　　② うえに　　　　　③ ながらに　　　　④ すら

006 試験の時ぐらいは勉強する＿＿＿＿＿。

　　　① ものだ　　　　　② だけだ　　　　　③ からだ　　　　　④ わけだ

007 山田さんとの約束では、3時までには東京駅に＿＿＿＿＿。

　　　① 行くにきまっています　　　　② 行こうではないかとおもいます
　　　③ 行こうとしています　　　　　④ 行くことになっています

008 どんな人か実際会ってみないことにはよく＿＿＿＿＿。

　　　① 会ってみます　　　　　　　　② わかったと思います
　　　③ 行ってみたいです　　　　　　④ わからないです

009 コーチの話では彼が試合に出れば、優勝はまちがいない＿＿＿＿＿。

　　　① となることです　　　　　　　② ということです
　　　③ とならなくなります　　　　　④ とさせられています

010 医者の話によるとこの病気はすぐによくなると＿＿＿＿＿ではないらしい。

　　　① いうもの　　　　　② いうよう　　　　　③ いうはず　　　　④ いうそう

**011** 「今日はみんなで食事をしよう。」何を思ったのか、父が急にそんなことを言い出した
_____ みんなおどろいてしまった。

① わけだから  ② ものだから

③ はずだから  ④ ことだから

**012** 仕事がつまっているが、妹が結婚するので、国に _____ ものなら帰りたいです。

① 帰れる  ② 帰る  ③ 帰りたい  ④ 帰ろう

**013** 会社の行事に行きたくない _____ はないんですが、今日はほかの用事があって行
けないんです。

① わけ  ② つもり  ③ ばかり  ④ もの

**014** 3日でレポートを書けるとは言ったものの、3日では _____ 。

① とうも書いた  ② けっこう書け

③ とうてい書けなかった  ④ けっこう書かなかった

**015** わたしは友達に旅行に誘われても、_____ すぐに返事をしないで、いろいろ考え
ているうちに時間がたってしまいます。友達もあきらめてしまって旅行の計画もやめ
られてしまいました。後悔することが多い。

① 行きたくないわけではないが  ② 行きたくないから

③ 行きたいわけではないが  ④ 行きたいというより

**016** われわれは彼の無責任な行動を見逃す _____ にはいかないのである。

① こと  ② もの  ③ わけ  ④ はず

**017** 遠くからもよく見える ＿＿＿＿＿ 数字を大きく書いてください。

① ように       ② ために       ③ だけに       ④ ばかりに

**018** 電話帳で調べた ＿＿＿＿＿ そういう名前の会社はなかった。

① ところ       ② だけに       ③ からに       ④ ばかりでは

**019** 先週は試験勉強する ＿＿＿＿＿。毎日、送別会やいろいろな会食で夜遅くまで帰れなかった。

① どころではなかった       ② はずではなかった
③ しかなかった       ④ べきではなかった

**020** おいしいお酒が手に入った ＿＿＿＿＿ 会社の同僚を呼んで朝まで飲みました。

① ものの       ② ものだから       ③ ものを       ④ もので

**021** 何回も話し合ってみんなで決めたことだ。決めた ＿＿＿＿＿ 最後までがんばろう。

① ためには       ② わけには       ③ からには       ④ うえには

**022** 昨夜はせきが出て寝る ＿＿＿＿＿。

① ものではなかった       ② ところだった
③ ことにした       ④ どころではなかった

**023** 詳しい説明をよく聞いた ＿＿＿＿＿ 商品を選びたいと思います。

① うちに       ② うえで       ③ ところに       ④ おかげで

**024** これが頭の中ですぐ思い出されるほど簡単なことかどうか、まず自分ひとりでやって
みる ＿＿＿＿＿。

① はずだ      ② わけだ      ③ ことだ      ④ ほどだ

**025** 私の見る ＿＿＿＿＿ 彼は信じられる人だ。

① ほどでは              ② だけでは
③ とおりでは           ④ かぎりでは

**026** この地方は人口がだんだん減っていて、何か対策を立てていない限り、今増えることは
＿＿＿＿＿。

① ないだろう           ② あるだろう
③ あるかもしれない     ④ ならないだろう

**027** 情報を収集する手段としてインターネットはすばらしい ＿＿＿＿＿。

① こともある           ② わけである
③ ものである           ④ ものがある

**028** おはがきをお送りくださった皆様の中から先着100名様 ＿＿＿＿＿ すてきなプレゼン
トをいたします。

① にしか           ② にしろ
③ にかぎり         ④ によって

**029** 困った ＿＿＿＿＿ 相手の名前がどうしても思い出せなかった。

① わけか      ② ように      ③ ことに      ④ ので

**030** 小学生の山田にその問題が解けたとはすごいことだ。あれは高校生にも ＿＿＿＿＿
と言われている。

① 解ける      ② やさしい      ③ むずかしい      ④ 理解できる

**031** 住民番号 ＿＿＿＿＿ わかればいいので、住所は書かなくてもいいですよ。

① すら      ② ばかり      ③ かぎり      ④ さえ

**032** 山田さんと約束した ＿＿＿＿＿ 行かなければならない。

① からには      ② からみると      ③ からすると      ④ からして

**033** この内容は子供にもわかる ＿＿＿＿＿ やさしいことばで説明されています。

① ためで      ② ために      ③ ようで      ④ ように

**034** 今日試験が終わったからといって、あしたは ＿＿＿＿＿ 。

① 遊ぶほかはない          ② 遊ぶものだ
③ 遊ばないわけだ          ④ 遊ぶわけにはいかない

**035** どんなに離れていて田舎にもいけなくてもお母さんのことを忘れる ＿＿＿＿＿ 。

① べきだ      ② ことだ      ③ わけがない      ④ わけでは

**036** 去年の実績 ＿＿＿＿＿ この会社は今年も急成長するに違いないです。

① こそいって          ② ばかりいって
③ からみると          ④ だけあって

**037** この結果 _____ 彼女は夜遅くまでいっしょうけんめい勉強したようだ。

① からすると                  ② からには

③ からくると                  ④ から思って

**038** この地域は空気がいい _____ 景色もきれいなので多くの観光客がくる。

① こと        ② うえ        ③ あまり        ④ ほど

**039** この体験版は30日 _____ に無料で使用することができます。

① うちに        ② かぎり        ③ あまり        ④ うえで

**040** 昨日熱が下がる _____ 病院で注射をしてもらった。

① ところに        ② ように        ③ 末        ④ ほど

**041** 大きいマートがあって生活の面では環境が良い _____ バスがないので便利なところだとは言えない。

① うえ        ② ものの        ③ とおり        ④ ばかりか

**042** 明日は試験なので友だちの家に遊びに行く _____ 。

① するしかない                  ② どころではない

③ するだけだ                  ④ しないわけにはいかない

**043** カメラを買う _____ で私が注意しなければならないことは何ですか。

① 以上        ② 上        ③ ところ        ④ もの

**044** 少し敬遠なことがあっても我慢するのが大人という _____ 。

① はずだ 　　　② ことだ 　　　③ くらいだ 　　　④ ものだ

**045** 田中君は学費がなくて困っている。友だちが困っている _____ 助けなければならない。

① までは 　　　② あまり 　　　③ わけには 　　　④ からには

**046** あんなまずい店には二度と行く _____ 。

① ものか 　　　② ことか 　　　③ だけか 　　　④ なんか

**047** 料理は冷めない _____ 速く来て食べなさい。

① ためで 　　　② うちに 　　　③ ような 　　　④ ために

**048** 今の件は電話で話せばすむことだから、わざわざあそこまで行く _____ 。

① はずはない 　　　　　　　② ことはない
③ものではない 　　　　　　④ わけにはい

**049** あなたと約束した _____ 守らなければなりません。

① からには 　　　② からして 　　　③ からといって 　　　④ ものの

**050** 日本では車は道路の左側を _____ 。

① 走行するに決まっている 　　　② 走行することになっている
③ 走行するに限る 　　　　　　④ 走行することはない

**051** せっかく手伝ってあげたのに、彼に感謝される ＿＿＿＿ 怒られた。

① ばかりで      ② どころか      ③ だけか      ④ べきで

**052** 不思議な ＿＿＿＿ 会社をやめてから、よく寝られるようになった。

① ものの      ② ところに      ③ ことに      ④ ように

**053** 彼の声 ＿＿＿＿ 悲しいことがあったらしい。

① からすると          ② からといって
③ ながら               ④ さえ

**054** こんな難しい問題はだれでも理解できる ＿＿＿＿ がない。

① もの      ② ところ      ③ こと      ④ わけ

**055** 約束に正確な先生の ＿＿＿＿ もうすぐいらっしゃいますよ。

① ことだから          ② ことから
③ ことには           ④ ことなの

**056** この文章は文法の間違いが多い ＿＿＿＿ 何を言っているのかよくわからない。

① うちに      ② ものの      ③ うえに      ④ かわりに

**057** 小学生 ＿＿＿＿ 知っているようなことを高校生の私が知らなかったからはずかしい。

① こそは      ② だから      ③ だけが      ④ さえ

**058** 12月が寒い＿＿＿＿＿＿ 外も出ないで家ばかりいるのはよくない。

　① ことだから　　　　　　　② ものだから

　③ とすれば　　　　　　　　④ からといって

**059** 海外旅行に＿＿＿＿＿＿ 今月は休暇がとれないので行けない。

　① 行きたくないわけではないが　　② 行きたくないが

　③ 行くわけにはいかないが　　　　④ 行くどころではないが

**060** 日本人にとって当たり前のことが、外国人にとっても当たり前とは＿＿＿＿＿＿。

　① たまらない　　② かぎらない　　③ ちがいない　　④ やむを

**061** 若い＿＿＿＿＿＿ いろいろなところに旅行をさせた方がいいと思います。

　① くらいは　　　② よりは　　　③ ほどは　　　④ うちは

**062** 雪が降っている夜遅くにはできるだけ運転をしないほうがいい。滑りやすくて事故を起こす＿＿＿＿＿＿。

　① おそれがある　　② ついでである　　③ しだいだ　　④ かぎりだ

**063** お天気＿＿＿＿＿＿ どこへ遊びに行くのがいいか話しましょう。

　① 次第で　　　② だけで　　　③ なら　　　④ さえ

**064** ホテルの部屋は暗くて本も読めない＿＿＿＿＿＿ だった。

　① かぎり　　　② だけ　　　③ ほど　　　④ こと

**065** 先生が手伝ってくれた _____ 宿題がだいぶ早く終わった。

① のむかげで　　② おかげで　　③ のおかげさまで　④ おかげさま

**066** 父があんなことを言った _____ 息子は泣いてしまったのだ。

① だけあって　　② ことに　　③ ばかりに　　④ ものに

**067** 勤務条件について会社からの説明を受けましたが、私はどうも理解 _____ 。

① しかねない　　② しきれる　　③ しかねる　　④ したがる

**068** 昨日、病気 _____ の祖父の見舞いに福岡まで行った。

① がち　　　　② ふう　　　③ だけ　　　④ ぐせ

**069** 最近は秘書を通じないでメールをCEO _____ 直接送る社員もだんだん増えているそうだ。

① にとって　　② について　　③ に対して　　④ にかわって

**070** 来週のプロジェクトが _____ 次第、ご連絡をお願い致します。

① 決まる　　　② 決まり　　　③ 決まった　　④ 決まって

**071** 私は彼が本当に頭がいい人だと思っているが、この課題にだけではどうしても彼が間違っていると _____ 。

① 考えざるをえない　　　　② 考えるどころではない
③ 考えずにおくしかない　　④ 考えるわけにはいかない

**072** 妹は病気のため、1週間 _____ 出勤をしませんでした。

① について                          ② にかけて
③ にわたって                        ④ にしたがって

**073** 初めてパンを作ったにしては _____ 。

① おいしいわけですね                 ② おいしくないわけですね
③ おいしくできましたね               ④ おいしくないですね

**074** この調査によると、まだ20代の人 _____ 無病長寿には無関心であるという。

① ばかり           ② ほど           ③ かぎり           ④ より

**075** 水をたくさん _____ 飲むほど皮膚にいい効果があるそうです。

① 飲んだら          ② 飲んで          ③ 飲めば           ④ 飲むと

**076** これはとても大好きなデザインと色の服なので _____ 。

① 買うべきではない                   ② 買うことはない
③ 買うわけだ                         ④ 買わずにはいられない

**077** 今の収入ではお風呂付きのアパートを買う _____ 借りることも無理だ。

① としても          ② からには        ③ 以上は           ④ どころか

**078** 一人でやれるといった以上、他の人には _____ 。

① 頼めない          ② 頼みたい        ③ 頼むしかない      ④ 頼んだ

**079** 国際交流がますますさかんになっていて外国文化の情報が増える＿＿＿＿＿＿。これは自分の国のことについてもっと考えるきっかけにもなっている。

① 次第だ       ② 一方だ       ③ 以上だ       ④ 気味だ

**080** 母は英語＿＿＿＿＿＿か、フランス語、ドイツ語、そして中国語も話せます。

① しか       ② だけ       ③ ばかり       ④ あまり

**081** あの人なら、そのようなひどいことを＿＿＿＿＿＿かねない。

① やら       ② やる       ③ やれ       ④ やり

**082** 当店では、特にお客に＿＿＿＿＿＿言葉づかいや態度に気を使っています。

① ともなう       ② おける       ③ 基づいて       ④ 対する

**083** パーティーの場所を聞いた＿＿＿＿＿＿、パーティーの手伝いを頼まれてしまったんです。

① くせに       ② とおりに       ③ ばかりに       ④ かぎりに

**084** 田中さんは外国人だということを＿＿＿＿＿＿ほど日本語がじょうずです。

① かんじられない       ② かんじさせない       ③ かんじられる       ④ かんじさせる

**085** この会社の仕事は忙しすぎて大変な＿＿＿＿＿＿給料があまりよくない。

① かわりに       ② わりに       ③ だけに       ④ かぎりに

**086** 日曜日出勤する _____ 明日は休ませてください。

① とおりに      ② ところに      ③ かわりに      ④ かたちに

**087** 急に雨が降ってきた。かさも持っていないし、荷物もたくさんある。電車に乗りたくても駅は遠くて無理だ。タクシに乗る _____ 。

① しかない                ② ことがない

③ わけがない           ④ はずがな

**088** この町は東京や大阪 _____ 物価が安いし、空気もきれいです。

① に先立って     ② について      ③ にくらべて     ④ にともなう

**089** 天候に _____ あすの午後3時出発します。

① かかわらず     ② よると          ③ よれば          ④ かかわり

**090** 年をとった _____ 、朝5時に目が覚めてしまいました。

① 最中            ② せいか          ③ うえで          ④ すえに

**091** 日本を訪問するなら、9月から10月に _____ の時期に行ったほうがいいです。

① そって           ② かけて          ③ わたって        ④ おいて

**092** 彼は以前アメリカに住んでいただけあって、やっぱりその国のことを _____ 。

① よく知りたい         ② もっと知るべきだ

③ よく知っている      ④ 知らなければならない

**093** たとえ _____ 、親といっしょに暮らせるのがいちばんだ。

① 貧しくても　　　　　　　　② 貧しいなら

③ 貧しければ　　　　　　　　④ 貧しいのに

**094** 出張で京都に行った _____ 大学時代の友だちに会ってきた。

① ばかりに　　② とおりに　　③ ついでに　　④ うちに

**095** 読む _____ 違った印象を受ける本がある。

① ばかりに　　② とおりに　　③ たびに　　④ ほかに

**096** たばこが体に悪いのを _____ つつも、つい吸ってしまう。

① 知り　　② 知る　　③ 知って　　④ 知れ

**097** 授業はテキスト _____ 進行される。

① につれて　　　　　　　　② にくらべて

③ にそって　　　　　　　　④ にさきだって

**098** 台風が北上する _____ 風もどんどん強くなって来る。

① において　　② につれて　　③ について　　④ に基づいて

**099** 「必ずいきます」と言った以上、_____ 。

① 行かない　　　　　　　　② 行くしかない

③ 行ってもいい　　　　　　④ 行くわけがない

**100** 都心の人口増加に ＿＿＿＿＿ 住宅問題は深刻化している。

① なった      ② して      ③ ともなって      ④ そった

**101** 新製品を売り出しましたが、期待 ＿＿＿＿＿ 売れないです。

① かぎり      ② とおり      ③ に反して      ④ によって

**102** 母は日本料理に ＿＿＿＿＿ だれにも負けないほどの自信がある。

① かけるなら      ② かけると      ③ かけては      ④ かければ

**103** ＿＿＿＿＿ ば考えるほど、解決の対策がわからなくなることがあります。

① 考えれ      ② 考えられ      ③ 考えさせ      ④ 考えして

**104** これまでのデータに ＿＿＿＿＿ 論文をまとめた。

① とって      ② つれて      ③ ともなって      ④ もとづいて

**105** まんがの種類が増えています。子どものためのもの ＿＿＿＿＿ 大人のための歴史や経済のまんがもよく見かけます。

① をとわず      ② はもとより
③ もかまわず      ④ にさきだって

**106** 制度も社会の変化に合わせて変えなければならないが、変えたほうがよいところとそうでないところについて検討する ＿＿＿＿＿ 。

① わけだ      ② べきだ      ③ ものだ      ④ ほどだ

**107** 病気のとき見舞いに来てくれたのは、友情の表現のあらわれに _____ 。

① ほかでもない          ② ほかではない

③ ほかならない         ④ ほかしかない

**108** 学校の教育環境の問題を _____ 参加者から多くの意見が出された。

① かぎって     ② まわって     ③ みなして     ④ めぐって

**109** 近年、男女 _____ バスを運転する人が増えつつある。

① にとどまらず         ② を問わず

③ にしろ              ④ ばかりか

**110** この計算は、コンピューターの発達に _____ はじめてできるようになった。

① ついて     ② たいして     ③ よって     ④ とって

**111** この花は夏から秋 _____ 花を咲かせます。

① にかけて     ② について     ③ に対して     ④ にかぎって

**112** 国の経済が発展する _____ 人々の暮らしもよくなってきた。

① にとって         ② に対して

③ に関して         ④ にしたがって

**113** 人間は長い年月に _____ 努力を重ね、ついに癌の治療法を開発した。

① つれて     ② したがって     ③ かかって     ④ わたって

**114** そばは日本人 _____ なじみな食べ物である。

① にとって      ② につれて      ③ について      ④ において

**115** 暗くならない _____ 買い物に行った。

① ところに      ② うちに      ③ なかに      ④ あとに

**116** 学校は毎月学校の新聞を発行し、学生 _____ いろいろな情報を提供してくれる。

① に関する                 ② にあたる
③ にとって                 ④ にかわる

**117** 激しい雨 _____ サッカーの試合は中止された。

① にかわって      ② の末      ③ につき      ④ に限って

**118** 有能な田中さんのこと _____ きっといい仕事をするだろう。

① ながら      ② にして      ③ だから      ④ にせよ

**119** もう酒は飲まないと決めた _____ どんなに誘われても絶対に守りたい。

① わけは      ② 以内は      ③ うちは      ④ 以上は

**120** 発表するということは、何かを表現することで自分が何を話したいのか、それをはっきり _____ 何も書けない。

① させないように            ② させないことには
③ させたいというのは         ④ させたいといっても

**121** せまい歩道に自転車を置いたままにするのは迷惑 _____ 。

① というものだ            ② ものがある

③ しようものだ           ④ ものか

**122** 私は留学したことはあるがたった1カ月に _____ 。

① きまっている           ② ちがいない

③ すぎない              ④ ほかない

**123** あの人が手伝ってくれるかどうかは、頼み方 _____ 。

① 次第だ      ② かぎりだ      ③ わけだ      ④ はずだ

**124** 学生は勉強する _____ だ。

① こと        ② もの        ③ ほか        ④ わけ

**125** こんなに景気が悪いと、就職できない _____ がある。

① はず        ② おそれ       ③ かねる      ④ ほど

**126** 留学が決まったが病気の父親を思うと、国を _____ 。

① はなれない           ② はなれがたい

③ はなれたい           ④ はなれよう

**127** 辞書を忘れてきたので、先生のを使わせて _____ 。

① うかがった      ② さしあげて      ③ いただいた      ④ ちょうだい

**128** こんなことが起きるなど、だれも予想し＿＿＿＿＿。

① できなかった           ② かねなかった

③ すぎなかった         ④ えなかった

**129** 話すのはへただが、「ぜひ、おねがいします」と言われれば＿＿＿＿＿。

① 話すはずがない       ② 話さないわけにはいかない

③ 話さないこともない   ④ 話すものではない

**130** 入院している父の病状が悪化して＿＿＿＿＿。

① 心配ではいられない   ② 心配でたえない

③ 心配でたまらない     ④ 心配でもやむをえない

**131** 仕事を変えたら収入が増えた＿＿＿＿＿自由な時間は減ってしまった。

① 反面               ② 次第

③ 上は              ④ 以来

**132** 今日の試合の相手は、去年の優勝者だった。負ける＿＿＿＿＿と思っていた。

① はずがない       ② ほかない

③ ことになっている   ④ にきまっている

**133** 彼女はテニスがうまくて何度も試合で優勝している。さすが10年もやっていた＿＿＿＿＿。

① ことはない       ② だけのことはある

③ 最中だ          ④ に相違ない

**134** 長い間ごぶさたしておりますが、お元気でいらっしゃいますか。一度 _____ と思っておりますが、ご都合はいかがでしょう。

① お目にかかりたい　　　　② お目にかけたい

③ お会いになりたい　　　　④ ごらんになりたい

**135** 彼は酒を飲んではいけないと何度も注意された。それにもかかわらず _____ 。

① 飲むのをやめなかった　　② 死んでしまった

③ 飲まなかった　　　　　　④ 死んでしまうだろう

**136** 子どもが事故にあったという連絡が入った。大したことはないから来る必要はないことだったが、心配で仕事 _____ 。

① しないではいられなかった　　② するわけではなかった

③ するどころではなかった　　　④ するということだった

**137** 田中さんの _____ 仕事が早く終わってよかった。

① せいで　　　　　　　　　② おかげで

③ ためか　　　　　　　　　④ もとに

**138** 実験に _____ 器具のチェックを行った。

① こたえて　　　　　　　　② 契機に

③ おいて　　　　　　　　　④ 先立って

**139** 父 _____ 母までも私の結婚に反対している。

① から　　② に反して　　③ ばかりで　　④ のみならず

**140** 疲れている ＿＿＿＿＿ 何を食べてもおいしくない。

① だけあって             ② くせに
③ せいか                 ④ ことだから

**141** デパートで買い物をしている ＿＿＿＿＿ にさいふを盗まれてしまった。

① 次第         ② 最中         ③ 以上         ④ 契機

**142** 私がこれだけ困っているのに何もしてくれない彼は冷静 ＿＿＿＿＿ 冷たいのではないだろうか。

① といえば            ② というより
③ といっても           ④ という

**143** 予想に ＿＿＿＿＿ チームは勝ち続け、とうとう決勝まで進んだ。

① かんして       ② わたって       ③ さいして       ④ はんして

**144** 近くによい温泉があるというが、一度行ってみたい ＿＿＿＿＿ 。

① ものだ       ② ことだ       ③ わけだ       ④ だけだ

**145** この橋は歩行者専用 ＿＿＿＿＿ 日本一の長さだそうだ。

① にわたって      ② にとっては      ③ ときたら      ④ としては

**146** 山田さんは私の本を持って行った ＿＿＿＿＿ 返してくれない。

① あまり       ② きり       ③ 反面       ④ 末に

**147** この映画はむかしこの辺りであった本当の話を _____ 作られた。

① もともと

② もとで

③ もとづいて

④ そって

**148** 器用なキムさん _____ こんな時計ぐらい簡単に直せますよ。

① からには

② のことだから

③ でさえ

④ によって

**149** 買い物に出た _____ 図書館によって本を借りよう。

① ばかりに

② とおりに

③ あげくに

④ ついでに

**150** 後ろの人にも聞こえる _____ 大きな声で話してください。

① ように

② ために

③ だけに

④ たびに

**151** 6時になったか _____ かのうちに、店のシャッターが閉まり始まった。

① なる

② なって

③ なろう

④ ならない

**152** 兄は合格通知をもらって、うれしさの _____ とびあがった。

① ともに

② あまり

③ ばかり

④ たびに

**153** この映画は子どもは _____ 大人も楽しめる。

① ともかく

② 関して

③ もとより

④ はじめ

**154** 英会話のクラスは能力に ＿＿＿＿＿ 分けられている。

① 際して      ② 応じて      ③ とって      ④ かぎって

**155** 昨日のテレビ番組では環境問題を ＿＿＿＿＿ さまざまな問題が議論された。

① とおりに            ② 中心に
③ 沿って             ④ もとづいて

**156** 彼にかぎってうそをつくようなことはある ＿＿＿＿＿ 。

① はず      ② もの      ③ まい      ④ のみ

**157** あの人は好き嫌いが多いが、もっと野菜を食べる ＿＿＿＿＿ 。

① ほどだ      ② べきだ      ③ かけだ      ④ おかげた

**158** 探しても見つからないのだから、あきらめるより ＿＿＿＿＿ 。

① ちがいない            ② すぎない
③ ほかない             ④ きまつ

**159** 危ないところへは行かぬよう何度注意した ＿＿＿＿＿ 。

① わけか      ② ことか      ③ からか      ④ たびか

**160** これから社長にこの書類をお ＿＿＿＿＿ 。

① あがります            ② おいでになります
③ わたしいたします      ④ うけたまわります

**161** 忙しいが、先生に頼まれたからには ＿＿＿＿＿＿ 。

① 手伝えない　　　　　　　　② 手伝わざるをえない

③ 手伝うわけにはいかない　　④ 手伝うはずがない

**162** 野口英世の伝記を読めば読むほど、彼を ＿＿＿＿＿＿ 。

① 尊敬しないこともない　　　② 尊敬することとなっている

③ 尊敬する恐れがある　　　　④ 尊敬せずにはいられない

**163** 子どもたちが帰ったあとはちらかっていて、まるで ＿＿＿＿＿＿ 。

① 台風が来たそうだ　　　　　② 台風が来たかもしれない

③ 台風が来たばかりだ　　　　④ 台風が来たかのようだ

**164** 私はきのう、まったく寝ていないから授業中なのに ＿＿＿＿＿＿ 。

① 寝るどころではない　　　　② 寝るものか

③ 眠いに相違ない　　　　　　④ 眠くてしょうがない

**165** 近頃、少年犯罪が問題になっている。しかし、うちの子に限って悪いことを＿＿＿＿＿＿ と考えている親は多い。

① するほどだ　　　　　　　　② するはずがない

③ するだろう　　　　　　　　④ するかもしれない

**166** 実験がうまくいったかどうか、もうすぐ結果が出る。それに ＿＿＿＿＿＿ 今後方針を変える必要がでてくるだろう。

① ついては　　　② よっては　　　③ つけても　　　④ わたって

**167** 申し込みも済み金も払った。あとは発売日を _____ 。

① 待つことはない  ② 待っているばかりだ

③ 待ってはいられない  ④ 待つばかりだ

**168** 最近、この新製品が爆発的に売れている。といっても、決して _____ 。

① 安いわけだ  ② 安いわけではない

③ 安いからである  ④ 安いにちがいない

**169** 夫は出張でいろいろなところへ行く。その時珍しいおみやげを買ってくる _____ 部屋中はいつもおみやげであふれている。

① うち  ② せいで

③ たびに  ④ おかげで

**170** 試合に負けてしまった。勝ち負けはともかくとして _____ 。

① 負けて残念だった  ② おもしろい試合だった

③ もう少しで勝てそうだった  ④ 勝ってもうれしくない

**171** 彼は何でも自分の思う _____ しようとする。

① 向けに  ② だけに

③ とおりに  ④ わりに

**172** 父も母も働いていたので、祖父母の _____ 育てられた。

① せいで  ② ほどで

③ うえで  ④ もとで

**173** 彼は帰国したが、私たちの友情は変わる＿＿＿＿＿ 続いていくだろう。

① ものなく                    ② ほどなく

③ ことなく                    ④ わけなく

**174** 本日は定休日に ＿＿＿＿＿ 休業させていただきます。

① つつ          ② つれ          ③ つき          ④ つけ

**175** きのうのヤンさんの態度から ＿＿＿＿＿ ヤンさんはすべて知っているようだ。

① すると          ② といって          ③ には          ④ は

**176** インターネットを ＿＿＿＿＿ 世界中の情報をすぐに知ることができる。

① 中心に                    ② 問わず

③ めぐって                  ④ 通じて

**177** 雷が鳴っても高い木のそばにいる ＿＿＿＿＿ だいじょうぶだとよく言われます。

① きり          ② かぎり          ③ あげく          ④ だけ

**178** 歴史の知識 ＿＿＿＿＿ 加藤さんはだれにも負けない。

① にかけては                ② にくらべて

③ に際しては                ④ にわたって

**179** 彼は若い ＿＿＿＿＿ 体力がない。

① わりには          ② ほどの          ③ に比べ          ④ としては

**180** 父はつりが好きで、ひまさえ＿＿＿＿＿＿ 海へつりをしに行く。

① あって ② あるから ③ あるだけ ④ あれば

**181** このスケジュール＿＿＿＿＿＿ 計画を進めていけば、きっとうまくいくだろう。

① に先立って ② にもとづいて
③ ように ④ にわたって

**182** 今年の夏は死ぬ＿＿＿＿＿＿ 暑かったので、何もする気になれなかった。

① べき ② のみ ③ ほか ④ ほど

**183** たとえ＿＿＿＿＿＿ 家族がいればつらくはない。

① 忙しくても ② 忙しかったら
③ 忙しいのに ④ 忙しいので

**184** 払える＿＿＿＿＿＿ 払いたいが、そんな大金は持っていない。

① からには ② ことだから ③ ものなら ④ にしろ

**185** 夫はパソコンの使い方がわからない＿＿＿＿＿＿ 私に教えようとする。

① くせに ② ばかりに ③ ついでに ④ ところに

**186** 締め切りが近いので、早くやらなければならないと＿＿＿＿＿＿ なかなか始めることができない。

① 思っては ② 思ってこそ ③ 思いつつ ④ 思うにつけ

**187** 山本さんには気の毒 _____ 会社を辞めてもらった。

① どころか　　　　　　　　② というより

③ 以上　　　　　　　　　　④ ながら

**188** わたしのチームが優勝した。うれしさの _____ 飛び上がった。

① おかげで　　② せいで　　③ かわりに　　④ あまり

**189** このアイデアを出したのは南さんだから南さんを _____ 計画は進められない。

① かまわず　　② 通して　　③ もとに　　④ ぬきにして

**190** 今日は、母が出かけているから自分で食事をつくる _____ 。

① かねない　　　　　　　　② ざるをえない

③ しかない　　　　　　　　④ ずにはいられない

**191** 仕事が忙しくて食事をする時間 _____ 。

① さえない　　② のみだ　　③ だけない　　④ ほどだ

**192** 兄の話によると王さんは帰国してしまった _____ 。

① など　　② とか　　③ こと　　④ だけ

**193** いつもまじめな山田さんが、授業中に寝る _____ 。

① わけがない　　　　　　　② わけではない

③ わけだ　　　　　　　　　④ わけにはいかない

**194** 夏休みともなるとどこも観光客 _____。

① だらけだ    ② とわずだ    ③ ぽい    ④ 気味だ

**195** 話も聞かずに反対するあなたが、私の気持ちはわかり _____。

① っぽい    ② っこない    ③ つけ    ④ って

**196** 今すぐ彼女に会いたくて、とんでいきたい _____。

① くらいだ    ② ことだ    ③ ことはない    ④ からだ

**197** 今度の選挙では経験のある木村さんが当選するに _____。

① 違いある    ② 違いない    ③ すぎる    ④ すぎない

**198** 大丈夫ですよ。みんなやさしい人だから何も心配 _____。

① するものではありません    ② することはありません

③ するべきじゃありません    ④ するに限りません

**199** 来週は忙しいが、時間によっては _____。

① 出かけたきりだ    ② 出かけられないこともない

③ 出かけるおそれがある    ④ 出かけてしょうがない

**200** 彼女が忙しそうだから手伝ってあげた。それなのに感謝されるどころか _____。

① 感謝してください    ② 怒られてしまった

③ とても喜ばれた    ④ 感謝にこたえる

**201** 代表で試合に出ることになった。あまり自信はないが、出る _____ 勝ちたい。

① にもかかわりなく　② からには　　　③ につけては　　　④ ことだから

**202** 雨でピクニックが中止になってしまった。楽しみにしていたのに _____ 。

① 残念でならない　　　　　　② 残念にすぎない
③ 残念さえもない　　　　　　④ 残念よりほかにない

**203** N県には他県から処理できないゴミが大量に運び込まれている。これ _____ N県
の住民は反対運動を始めた。

① の末　　　　　② のもとに　　　③ に反して　　　④ に対して

**204** 佐藤さんは優秀な技術者だ。この会社の発展は _____ 語れない。

① 彼をもとにしては　　　　　② 彼もかまわず
③ 彼をぬきにしては　　　　　④ 彼をめぐって

**205** これは子ども _____ の簡単な英会話の本です。

① ため　　　　　② に　　　　　③ 向け　　　　　④ もの

**206** 寺院や神社の多いこの町は四季を _____ 観光客が訪れる。

① 知らず　　　　② 聞かず　　　③ 問わず　　　④ 言わず

**207** 机の上に読み _____ の本が置いてある。

① ながら　　　　② まま　　　　③ がち　　　　　④ かけ

**208** 事故の後、3時間に _____ 電車は不通となった。

① おいて                    ② そって
③ かけて                    ④ わたって

**209** 留学する兄を見送る母の顔はとても寂し _____ だった。

① さ            ② み            ③ げ            ④ く

**210** 来週のパーティーには先生もぜひ _____ ください。

① おこし                    ② おまいり
③ おうかがい                ④ いらっしゃい

**211** 夫が出張中ですので夫に _____ ごあいさつにうかがいました。

① ぬきに        ② あたり        ③ かわり        ④ つれて

**212** 雨ですから散歩に行く _____ 家でビデオを見ませんか。

① 際に          ② かわりに      ③ ことなく      ④ ことに

**213** 調べてみた _____ そのような人はこの学校にはいないことがわかった。

① すると        ② とたん        ③ せいで        ④ ところ

**214** 男は人の家に火をつけようとしていた _____ 警官によってつかまえられた。

① ところを                  ② とともに
③ とおりに                  ④ どころか

**215** 服についた汚れは、時間がたつ＿＿＿＿＿落ちにくくなる。

① について ② にかわって

③ によって ④ につれて

**216** おいしいと聞いて食べてみた＿＿＿＿＿期待したほどの味ではなかった。

① ものなら ② ものだから

③ ものの ④ もので

**217** ライさんはあき＿＿＿＿＿人だから、何をやっても長く続かない。

① がたい ② がちの ③ 気味の ④ っぽい

**218** ご注文の品が入り＿＿＿＿＿ご自宅にお電話いたします。

① 次第 ② 最中 ③ 気味 ④ 以来

**219** 勤めて10年経ったのを＿＿＿＿＿独立して店を出すことにした。

① あげくに ② かわりに

③ 契機に ④ 際して

**220** 帰国するに＿＿＿＿＿日本の知人にあいさつ状を書いた。

① かけて ② とって ③ あたって ④ たいして

**221** 新しい車はデザインがいい＿＿＿＿＿性能もすばらしい。

① から ② とも ③ やら ④ うえに

**222** 勉強すればする＿＿＿＿＿ 知識が深まる。

① より        ② ほど        ③ ばかり        ④ もの

**223** 経験してみない＿＿＿＿＿ 外国に住むことの大変さは理解できないだろう。

① ものなら                   ② ことには
③ うちに                    ④ ながら

**224** いろいろと考え＿＿＿＿＿ 計画を中止するという結論を出した。

① かけて        ② ぬいて        ③ すぎて        ④ おわって

**225** こんなたくさんの料理は、3人では食べ＿＿＿＿＿。

① きれない                 ② まい
③ ざるをえない           ④ ほかない

**226** たとえお金をいただいても、このような危険な仕事は引き受け＿＿＿＿＿。

① かねません             ② がたいです
③ かねます                ④ かけます

**227** 毎週欠かさず電話をくれる娘から連絡がない。きっと何かあったに相違＿＿＿＿＿。

① ある        ② ない        ③ する        ④ しない

**228** いろいろな薬を試してみたが、病気は悪くなる＿＿＿＿＿。

① 一方だ        ② 最中だ        ③ 以来だ        ④ 反面だ

**229** 彼の成功は将来を見通す目と努力の結果に _____ 。

① よらない　　　　　　　　② すぎない

③ ほかならない　　　　　　④ かかわらない


**230** 隣の町までは遠いので車がなければ行きたくても _____ 。

① 行きようがない　　　　　② 行くようではない

③ 行きかねない　　　　　　④ 行けないことはない


**231** 医学部の試験だから、むずかしい _____ 。

① にわたる　　　　　　　　② にきまっている

③ がちだ　　　　　　　　　④ だらけだ


**232** 仕事が忙しくて旅行する _____ 。

① というものではない　　　② というものだ

③ どころではない　　　　　④ ないこともない


**233** 部長の話は長いうえに _____ 。

① おもしろくない　　　　　② 興味深い

③ よくわかる　　　　　　　④ 聞かない


**234** 困っている人をみたら _____ 。

① 助けないではいられない　② 助けたりしない

③ 助けてならない　　　　　④ 助けなくてもいい

**235** 父は会社を辞めて自分の会社をつくった。会社と ＿＿＿＿＿ 社員が2人しかいない小さいものだ。

① いったら      ② いえば      ③ いっても      ④ いうから

**236** 石川さんは20年も中国に住んでいた。それに ＿＿＿＿＿ 中国語が下手だ。

① しろ      ② 伴って      ③ とっては      ④ しては

**237** 父は弟をサッカー選手にしようと思ってサッカーを教えたが、弟は野球に夢中になっている。父 ＿＿＿＿＿ 裏切られた気持ちだろう。

① にしたら                 ② もかまわず
③ をめぐって            ④ はともかくとして

**238** 今日、私は仕事で来ている。パーティーだからといって酒を ＿＿＿＿＿ 。

① 飲むしかない            ② 飲まずにはいられない
③ 飲むわけにはいかない      ④ 飲み得ない

**239** 私は犬の訓練をしている。どんな犬も人との信頼関係を ＿＿＿＿＿ 訓練はうまくいかない。

① 作り上げてからでないと      ② 作り上げたところに
③ 作り上げる以上は           ④ 作り上げるあまり

**240** 今月は出費が ＿＿＿＿＿ 足が出そうです。

① 多い      ② 多くの      ③ 多くて      ④ 多いで

※ 足(あし)が出る 적자가 나다

**241** 考えられる＿＿＿＿＿考えてみたんですが、いい案が出てきませんでした。

① ことを通じて　　　　　　② ことにわたって
③ 限りのことは　　　　　　④ ものをもとに

**242** 着替えがなかったので濡れたスカートを＿＿＿＿＿まま乾かしました。

① きた　　　② はきた　　　③ きった　　　④ はいた

**243** あの人は先輩に騙されてすべての財産を＿＿＿＿＿そうだ。

① わすれった　　② わすれた　　③ うしなった　　④ うしないた

**244** 西村さんはお金が＿＿＿＿＿そうに見えるが、本当は金持ちだそうだ。

① なし　　　② ない　　　③ なく　　　④ なさ

**245** アルバイトの時給は仕事の内容によって＿＿＿＿＿。

① 決めた　　　　　　　② 決められる
③ 決められない　　　　④ 決めさせる

**246** 昨夜から風邪で熱があるんですが、会社を＿＿＿＿＿いただけませんか。

① 休まれて　　② 休まらせて　　③ 休み　　　④ 休ませて

**247** 風邪をひいてしまいました。熱があるのに監督に＿＿＿＿＿しまった。

① 泳がさせて　　　　　② 泳がせられて
③ 泳がられて　　　　　④ 泳がらせ

**248** 日本に行くのなら私もいっしょに行かせてください。

① 日本なら私が行きます　　　　② 私も日本に行けるようにしてください

③ あなたといっしょならどこでも行きます

④ 日本は私も行ったことがあります

**249** 雨に降られて洋服だけでなく下着までびっしょり濡れてしまった。

① 洋服しかない　　② 洋服ばかり　　③ 洋服のみならず　　④ 洋服だけに

**250** これから営業部の上半期の実績を報告させていただきます。

① 上半期の実績を発表してくださいませんか

② 上半期の実績を知らせていただけませんか

③ 上半期の実績を報告してください　　　④ 上半期の実績を報告します

**251** 面白くてたまらない。

① 面白くない。　　② とても面白い　　③ 難しくない。　　④ 勉強できない。

**252** 長い目で見れば勉強をする方がいい。

① 勉強は必要だ。　　② 勉強はできる。　　③ 勉強はだめだ。　　④ 勉強は上手だ。

**253** その意見には賛成しかねます。

① 賛成できない　　② 賛成する。　　③ 賛成させる　　④ 賛成られる

**254** 昨日、＿＿＿＿＿＿＿へ行きましたか。

① どこか　　　　　　　　② いつか
③ なにが　　　　　　　　④ だれか

**255** A：東京には ＿＿＿＿＿＿＿ いらっしゃるんですか。
　　 B：たぶん木曜日です。

① 何で　　　　　　　　② なぜ
③ いつ　　　　　　　　④ 何時

**256** 成績は努力すればする ＿＿＿＿＿＿＿ 上がる。

① ほど　　　② ごろ　　　③ なら　　　④ しか

**257** 家族の中で私 ＿＿＿＿＿＿＿ が二重まぶただ。

① ばかり　　　　　　　　② だけ
③ しか　　　　　　　　④ ぐらい

**258** 学校の授業は9時 ＿＿＿＿＿＿＿ 始まります。

① と　　　② が　　　③ で　　　④ に

**259** 富士山の向うから海 ＿＿＿＿＿＿＿ 見えます。

① に　　　② が　　　③ を　　　④ か

**260** 昨日、駅の前 _____ 木村さんに会いました。

① から        ② に        ③ か        ④ で

**261** あなたは普通、何時 _____ 会社へ行きますか。

① で        ② に        ③ を        ④ と

**262** 日本にいるから _____ 日本人の友達をつくる機会がたくさんある。

① だけ                ② こそ
③ さえ                ④ ほど

**263** 学校の給食はまずくても食べる _____ ない。

① だけ                ② ばかり
③ しか                ④ ほど

**264** 東京へ _____ 秋がいいです。

① 行くと             ② 行くなら
③ 行けば             ④ 行ったら

**265** 一生懸命勉強したのでいい大学 _____ 受かった。

① を        ② と        ③ に        ④ で

**266** 大学を卒業して会社 _____ 働いていたが、すぐ辞めて今は銀行に勤めている。

① で        ② に        ③ から        ④ を

**267** 家に _____ 電話してください。

① 着けば       ② 着くと       ③ 着いたら       ④ 着くなら

**268** 人生には楽しいことも _____ 悲しいこともあります。

① あったら       ② あると       ③ あれば       ④ あるのに

## 잘못된 표현 찾기(269~300번)

**269** 先生は①日頃、②どんな時間に教材の③執筆をして④おりますか。

**270** 昨日①撮った②団体の③写真、私にも④見らせてください。

**271** ①確かに中国は②広大な土地ですから③地方によってよく④読ませている新聞が
違います。

**272** ①もう一つ、区役所に②行きて許可証を③もらうことを④忘れないでください。

**273** 山田さんは友だち①とお酒を②飲みに行く③ものが④ある。

**274** 日本人は①お風呂も②外で体を③洗いてから湯船に④はいります。

**275** ①あの手紙は②英語が③上手な友だちに④書きさせようと思っています。

**276** クレジットカードは①使いかたによっては②便利でも使い方を③誤ると借金④だらけになる。

**277** ①数年前からパートで②働く人の数が③急速で④増えてきました。

**278** ①今度は、②国の母が③欲しいものを④買って帰ろうと思います。

**279** 春①になると友だち②と③花見に④行きようと思っています。

**280** 最新型①しか②あれば簡単なことだけど、③こんなに古い機械では④ちょっと無理だ。

**281** ①あの人は毎朝②遅いても8時③に学校に④来ます。

**282** 山田さん①も3月28日②で日本へ③行った④そうです。

**283** ①今朝、暴走して②きたトラックに③ひかれるそうになったが、④危機一髪でした。

**284** 風邪を①引かないように体②を気③をつけて、勉強の方も④頑張ってください。

**285** 木村さんはお父さん①に②似ると思っていたが、③実はお母さん④だった。

**286** ①料理が冷めない②ことに③気をつけて、④持っていってください。

**287** その件①についてはコーヒー②でも飲み③ながら④ゆったり話しましょう。

**288** 吉田さんは①健康②のために、③毎日に運動を④しています。

**289** ①あのレストランは②値段も③安いだし、味も④非常に美味しい。

**290** 時間が①あれば②きっと③遊びに④来てください。

**291** ガスに鍋を①かけるまま②忘れて火事③になる④ところだった。

**292** 昨日は朝①から夜②まで、③8時半間も会社④で仕事をしました。

**293** 横断歩道①の前で、信号が②赤になった時には③必ず車を④止まりましょう。

**294** 彼女①に ②会う時、この③書類を④渡してください。

**295** 休日①には家②でテレビを③見たり昼寝を④寝たりします。

**296** 会議①に遅れない②ように早く③行った方が④いいだと思います。

**297** 息子も①もう大人だし、彼の立場も②あるのから、いちいち③口出しする④ものではない。

**298** 駐車場①にある②小さいで、③白い車はだれ④のですか。

**299** 私は彼女①のため②なら、③いくつお金を④使っても惜しくありません。

**300** 彼は①いま会社②に③来ませんと④思います。

한 번 풀었다고 끝내지 말고 계속해서 그 문제의 답이 저절로 찾아질 때까지 반복해서 보는 것이 좋다. 시험에 잘 나오는 내용이니 꼭 숙지할 것!

## 알맞은 답 찾기(1~247번)

| | | | |
|---|---|---|---|
| 001 ③ | 021 ③ | 041 ② | 061 ④ |
| 002 ③ | 022 ④ | 042 ② | 062 ① |
| 003 ① | 023 ② | 043 ③ | 063 ① |
| 004 ② | 024 ③ | 044 ④ | 064 ③ |
| 005 ② | 025 ④ | 045 ④ | 065 ② |
| 006 ① | 026 ① | 046 ① | 066 ③ |
| 007 ① | 027 ④ | 047 ② | 067 ① |
| 008 ④ | 028 ③ | 048 ② | 068 ① |
| 009 ② | 029 ③ | 049 ① | 069 ③ |
| 010 ③ | 030 ③ | 050 ② | 070 ② |
| 011 ② | 031 ④ | 051 ② | 071 ① |
| 012 ① | 032 ① | 052 ③ | 072 ③ |
| 013 ① | 033 ④ | 053 ① | 073 ③ |
| 014 ③ | 034 ④ | 054 ④ | 074 ③ |
| 015 ① | 035 ③ | 055 ① | 075 ③ |
| 016 ③ | 036 ③ | 056 ③ | 076 ④ |
| 017 ① | 037 ① | 057 ④ | 077 ④ |
| 018 ① | 038 ② | 058 ④ | 078 ① |
| 019 ① | 039 ② | 059 ① | 079 ② |
| 020 ② | 040 ② | 060 ② | 080 ③ |

| 081 | ④ | 109 | ② | 137 | ② | 165 | ② |
| 082 | ④ | 110 | ③ | 138 | ④ | 166 | ② |
| 083 | ① | 111 | ① | 139 | ④ | 167 | ④ |
| 084 | ① | 112 | ④ | 140 | ③ | 168 | ② |
| 085 | ② | 113 | ④ | 141 | ② | 169 | ② |
| 086 | ③ | 114 | ① | 142 | ② | 170 | ② |
| 087 | ① | 115 | ② | 143 | ④ | 171 | ③ |
| 088 | ③ | 116 | ① | 144 | ① | 172 | ④ |
| 089 | ① | 117 | ③ | 145 | ④ | 173 | ③ |
| 090 | ② | 118 | ③ | 146 | ② | 174 | ③ |
| 091 | ② | 119 | ④ | 147 | ② | 175 | ① |
| 092 | ③ | 120 | ② | 148 | ② | 176 | ④ |
| 093 | ① | 121 | ① | 149 | ④ | 177 | ② |
| 094 | ③ | 122 | ③ | 150 | ① | 178 | ① |
| 095 | ③ | 123 | ① | 151 | ④ | 179 | ① |
| 096 | ① | 124 | ② | 152 | ② | 180 | ④ |
| 097 | ③ | 125 | ② | 153 | ③ | 181 | ② |
| 098 | ② | 126 | ② | 154 | ② | 182 | ④ |
| 099 | ② | 127 | ③ | 155 | ② | 183 | ① |
| 100 | ③ | 128 | ② | 156 | ③ | 184 | ③ |
| 101 | ③ | 129 | ② | 157 | ② | 185 | ① |
| 102 | ③ | 130 | ③ | 158 | ③ | 186 | ③ |
| 103 | ① | 131 | ① | 159 | ② | 187 | ④ |
| 104 | ④ | 132 | ④ | 160 | ② | 188 | ④ |
| 105 | ② | 133 | ④ | 161 | ② | 189 | ④ |
| 106 | ② | 134 | ① | 162 | ④ | 190 | ③ |
| 107 | ③ | 135 | ① | 163 | ④ | 191 | ① |
| 108 | ④ | 136 | ③ | 164 | ④ | 192 | ② |

| | | | | | | | |
|---|---|---|---|---|---|---|---|
| 193 | ① | 207 | ④ | 221 | ④ | 235 | ③ |
| 194 | ① | 208 | ④ | 222 | ② | 236 | ④ |
| 195 | ② | 209 | ③ | 223 | ② | 237 | ① |
| 196 | ① | 210 | ① | 224 | ② | 238 | ③ |
| 197 | ② | 211 | ③ | 225 | ① | 239 | ① |
| 198 | ② | 212 | ② | 226 | ③ | 240 | ③ |
| 199 | ② | 213 | ④ | 227 | ② | 241 | ③ |
| 200 | ② | 214 | ① | 228 | ① | 242 | ④ |
| 201 | ② | 215 | ④ | 229 | ③ | 243 | ③ |
| 202 | ① | 216 | ③ | 230 | ① | 244 | ④ |
| 203 | ③ | 217 | ④ | 231 | ② | 245 | ② |
| 204 | ③ | 218 | ① | 232 | ③ | 246 | ④ |
| 205 | ③ | 219 | ③ | 233 | ① | 247 | ② |
| 206 | ③ | 220 | ③ | 234 | ① | | |

## 같은 의미 찾기(248~253번)

| | | | | | |
|---|---|---|---|---|---|
| 248 | ② | 250 | ④ | 252 | ① |
| 249 | ③ | 251 | ② | 253 | ① |

## 조사 및 알맞은 단어 찾기(254~268번)

| | | | | | | | |
|---|---|---|---|---|---|---|---|
| 254 | ① | 258 | ④ | 262 | ② | 266 | ① |
| 255 | ③ | 259 | ② | 263 | ③ | 267 | ③ |
| 256 | ① | 260 | ④ | 264 | ② | 268 | ③ |
| 257 | ② | 261 | ② | 265 | ③ | | |

## 잘못된 표현 찾기(269~300번)

| | | | | | | | |
|---|---|---|---|---|---|---|---|
| 269 | ④ | 278 | ③ | 287 | ④ | 296 | ④ |
| 270 | ④ | 279 | ④ | 288 | ③ | 297 | ② |
| 271 | ④ | 280 | ① | 289 | ③ | 298 | ② |
| 272 | ② | 281 | ② | 290 | ② | 299 | ③ |
| 273 | ③ | 282 | ② | 291 | ① | 300 | ③ |
| 274 | ③ | 283 | ③ | 292 | ③ | | |
| 275 | ④ | 284 | ② | 293 | ④ | | |
| 276 | ② | 285 | ② | 294 | ② | | |
| 277 | ③ | 286 | ② | 295 | ④ | | |

# 04 문법 N1 120개 구문

일본 4년제 대학 입시 합격을 위해 필요한 필수 구문

## CHECK

- 이 단계를 학습하면 일본의 뉴스나 시사, 상식, 칼럼 등을 보며 스스로 해석할 수 있다.
- 일본의 시사 예능 프로그램이라든지 토론 프로그램 등의 공부까지 원하는 학습자들은 공부하면 좋다.

## 조사 'に'와 연결된 구문

### 001  ~にそくして：~에 근거하여(기준과 원칙)

| | |
|---|---|
| この法案にそくして | 이 법안에 근거하여 |
| この原則にそくして | 이 원칙에 근거하여 |

#### 단어

法案(ほうあん) 법안 　　　　　原則(げんそく) 원칙

### 002  ~にひきかえ：~와는 반대로

| | |
|---|---|
| これにひきかえ | 이것과는 반대로 |
| 売り上げが伸びたにひきかえ | 매출이 상승한 것과는 반대로 |

売り上げ(うりあげ) 매출　　　　　伸びる(のびる) 신장하다, 늘어나다

## 003 ~にもまして : ~보다 더, ~이상으로 더

これにもまして　　　　　　　　　이것보다 더
あなたにもまして大切なのはない　당신보다 더 소중한 것은 없다

大切(たいせつ) 소중

## 004 ~にあって : ~에 있어서(~라는 상황에서)

父の病床にあって　　　　　　　　아버지의 병상에 있어서
戦争にあって　　　　　　　　　　전쟁에 있어서
激しい競争にあって　　　　　　　치열한 경쟁에서

病床(びょうしょう) 병상　　　戦争(せんそう) 전쟁　　　競争(きょうそう) 경쟁

## 005 ~にかかわる : ~와 관계되는, ~과 연관되는

これにかかわる　　　　　　　　　이것과 관계되는
この問題にかかわる　　　　　　　이 문제와 관계되는
私にかかわる　　　　　　　　　　나와 연관되는
この法案にかかわる　　　　　　　이 법안과 연관되는

問題(もんだい) 문제

## 006 ~に越(こ)したことはない : ~보다 더 나은 것은 없다

これに越したことはない　　　　　　　이보다 더 나은 것은 없다

この方法に越したことはない　　　　　이 방법보다 더 나은 것은 없다

方法(ほうほう) 방법

## 007 ~にかたくない : ~하기 어렵지 않다

想像にかたくない　　　　　　　　　　상상하기 어렵지 않다

察するにかたくない　　　　　　　　　살피는데 어렵지 않다

想像(そうぞう) 상상　　　　　　　察する(さっする) 살피다

## 008 ~にいたる : ~에 이르다, ~에 도달하다

支店を出すにいたる　　　　　　　　　지점을 내기에 이르다

支店(してん) 지점

## 009 ~にたえる : ~에 충분하다, ~할 만하다

出品にたえる　　　　　　　　　　　　출품할 만하다

鑑賞にたえる　　　　　　　　　　　　감상할 만하다

---

**010** | ~にたる：~할 만하다, ~할 가치가 있다

信頼にたる                          신뢰할 만하다
誉めるにたる                        칭찬할 만하다

---

**011** | ~に耐(た)えない：~을 참을 수 없다, ~을 참고 있을 수 없다

聞くに耐えない                      듣고 있을 수 없다
聞くに耐えない母の小言              듣고 있을 수 없는 엄마의 잔소리
見るにたえない                      보고 있을 수 없다
がまんするにたえない              참고 있을 수 없다

---

**012** | ~にして：①~이기에, ~로서 ②~인 동시에

プロにして                          프로이기에
プロにして出せる味                  프로이기에 낼 수 있는 맛
秀才の彼女にして解ける問題          수재인 그녀이기에 풀 수 있는 문제
社長にして歌手                      사장인 동시에 가수

| | |
|---|---|
| 行くにあたらない | 갈 필요 없다 |
| 飲むに当たらない | 마실 필요 없다 |
| 驚くに当たらない | 놀랄 것까지는 없다 |

**단 어**

驚く(おどろく) 놀라다

## POINT

**외우기 연습**

① にそくして : ~에 근거하여

② にひきかえ : ~와는 반대로

③ にもまして : ~보다 더

④ にあって : ~에 있어서

⑤ にかかわる: ~와 관계되는

⑥ に越したことはない : ~보다 더 나은 것은 없다

⑦ にかたくない : ~하기 어렵지 않다

⑧ にいたる : ~에 이르다

⑨ にたえる : ~에 충분하다

⑩ にたる : ~할 ~가치가 있다

⑪ にたえない : ~을 참을 수 없다, ~을 참고 있을 수 없다

⑫ にして : ~이기에, ~로서, ~인 동시에

⑬ にあたらない : ~할 필요 없다

# 'を'와 함께하는 구문

## 014  ~を禁(きん)じえない : ~을 금할 수 없다

| | |
|---|---|
| 涙を禁じえない | 눈물을 금할 수 없다 |
| この映画をみて涙を禁じ得なかった | 이 영화를 보고 눈물을 금할 수 없었다 |
| 怒りを禁じえない | 분노를 금할 수 없다 |
| この話を聞いて怒りを禁じえなかった | 이 이야기를 듣고 분노를 금할 수 없었다 |

### 단어

涙(なみだ) 눈물

## 015  ~をもって : ~로써(자격, 방법)

| | |
|---|---|
| これをもって | 이것으로써 |
| きょうをもって | 오늘로써 |
| 書面をもって | 서면으로써 |
| 実力をもって | 실력으로 |

### 단어

書面(しょめん) 서면          実力(じつりょく) 실력

## 016  ~をものともせずに : ~을 아랑곳하지 않고

| | |
|---|---|
| 失敗をものともせずに | 실패를 아랑곳하지 않고 |
| 非難をものともせずに | 비난을 아랑곳하지 않고 |
| 周囲の非難をものともせずに | 주의의 비난을 아랑곳하지 않고 |

### 단어

失敗(しっぱい) 실패          非難(ひなん) 피난          周囲(しゅうい) 주위

## 017 ~をよぎなくされる : (어쩔 수 없이) ~하게 되다

| | |
|---|---|
| 値上げをよぎなくされる | (어쩔 수 없이) 가격을 올리게 되다 |
| 中止をよぎなくされる | (어쩔 수 없이) 중지되다 |

**단어**

値上げ(ねあげ) 가격 인상

## 018 ~をよぎなくさせる : (어쩔 수 없이) ~하게 시키다

| | |
|---|---|
| 中止をよぎなくさせる | (어쩔 수 없이) 중지를 시키다 |
| 値上げをよぎなくさせる | 가격 인상을 시키다 |

**단어**

中止(ちゅうし) 중지

## 019 ~をよそに : ~을 개의치 않고

| | |
|---|---|
| 母の心配をよそに | 엄마의 걱정을 개의치 않고 |
| ほかの人の視線をよそに | 다른 사람의 시선을 개의치 않고 |
| 住民の不安をよそに押しきった | 주민의 불안을 개의치 않고 밀어붙였다 |

**단어**

| | |
|---|---|
| 視線(しせん) 시선 | 住民(じゅうみん) 주민 |
| 不安(ふあん) 불안 | 押しきる(おしきる) 강행하다, 밀어붙이다 |

## 020 ~を皮切り(かわきり)に : ~을 시작으로

| | |
|---|---|
| 今日を皮切りに | 오늘을 시작으로 |
| 東京を皮切りに | 도쿄를 시작으로 |
| 日本を皮切りに世界旅行を始めた | 일본을 시작으로 세계여행을 시작했다 |

世界(せかい) 세계           旅行(りょこう) 여행

## 021  ~をかぎりに : ~을 끝으로

今日をかぎりに                      오늘을 끝으로
本日をかぎりに                      금일을 끝으로
25日をかぎりに                      25일을 끝으로
ここをかぎりに                      이곳을 끝으로

本日(ほんじつ) 금일

## 022  ~をおいて : ~을 제외하고, ~을 빼고

あなたをおいて                      당신을 제외하고
韓国をおいて                        한국을 제외하고
母をおいて考えられない               엄마를 제외하고 생각할 수 없다

## POINT

**외우기 연습**

⑭ ~をきんじえない : ~을 금할 수 없다

⑮ ~をもって : ~로써(자격, 방법)

⑯ ~をものともせずに : ~을 아랑곳하지 않고

⑰ ~をよぎなくされる : (어쩔 수 없이) ~하게 되다

⑱ ~をよぎなくさせる : (어쩔 수 없이) ~하게 시키다

⑲ ~をよそに : ~을 개의치 않고

⑳ ~を皮切りに : ~을 시작으로

㉑ ~をかぎりに : ~을 끝으로

㉒ ~をおいて : ~을 제외하고

# 명사 접속

## 023 いかん : 여하, 여부

結果のいかん　　　　　　　　　　　　결과의 여부

試験の結果のいかんで合格が決まる　　시험 결과의 여부로 합격이 결정된다

能力いかんで　　　　　　　　　　　　능력 여하로

能力いかんで評価される　　　　　　　능력 여하로 평가된다

会社では外国語の能力のいかんでも昇進が決まる

회사에서는 외국어 능력의 평가로도 승진이 결정된다

## 024 ~のいかんによらず : ~의 여하(여부)에 관계없이

理由のいかんによらず　　　　　　　　이유의 여하에 관계없이

どんな理由のいかんによらず　　　　　어떤 이유의 여하에 관계없이

国籍のいかんによらず　　　　　　　　국적의 여부에 관계없이

男女のいかんによらず　　　　　　　　남녀의 여하에 관계없이

## 025 からある : ~나 되는 (구체적인 수량을 나타내는 표현)

１００キロからある荷物　　　　　　　100kg나 되는 짐

８０キロからある体重　　　　　　　　80kg나 되는 체중

５キロからある距離　　　　　　　　　5km나 되는 거리

| 荷物(にもつ) 짐 | 体重(たいじゅう) 체중 | 距離(きょり) 거리 |
|---|---|---|

## 026 からする : ~이나 하는

| | |
|---|---|
| １００万円からするかばん | 100만 엔이나 하는 가방 |
| １０万円からする交通費 | 10만 엔이나 하는 교통비 |
| 100万円からするかばんをなくした | 100만 엔이나 하는 가방을 잃어버렸다 |

단 어

なくす 잃어버리다

## 027 ~たる : ~로서(자격), ~인, ~다운

| | |
|---|---|
| 教師たるもの | 교사인 사람(교사로서) |
| 教師たるものは学生の心がよくわかるものだ | 교사인 사람은 학생의 마음을 잘 알아야 한다 |
| 政治家たるもの | 정치가인 사람 |
| 政治家たる資格はない | 정치가로서 자격이 없다 |
| こんどの選挙では政治家たるものを選ぶべきだ | |

이번 선거에서는 정치가다운 사람을 뽑아야 한다

단 어

| 教師(きょうし) 교사 | 資格(しかく) 자격 | 政治家(せいじか) 정치가 |
|---|---|---|

## 028 ~だに : ~조차

| | |
|---|---|
| 考えるだにおそろしい | 생각조차 두렵다 |
| 微動だにしない | 미동조차 하지 않다 |

단 어

| 微動(びどう) 미동 | 관용구 : 夢だに思わなかった 꿈에조차 생각하지 않았다 |
|---|---|

**がてら：~김에 (N2의 ついでに와 같은 의미)**

| 図書館に行きがてら | 도서관에 가는 김에 |
| 買い物がてら | 쇼핑하는 김에 |
| 食べに行きがてら | 먹으러 가는 김에 |
| 服を買いに行きがてら | 옷을 사러 가는 김에 |
| 出勤がてら | 출근 김에 |

**030** **きらいがある：경향이 있다**

| 偏食のきらいがある | 편식 경향이 있다 |
| このひとには偏食のきらいがある | 이 사람에게는 편식 경향이 있다 |
| 無視するきらいがある | 무시하는 경향이 있다 |
| ほかのひとを無視するきらいがある | 다른 사람을 무시하는 경향이 있다 |
| 自身の立場で考えて行動するきらいがある | |
| 자신의 입장에서 생각하고 행동하는 경향이 있다 | |

**단어**

| 偏食(へんしょく) 편식 | 無視(むし) 무시 | 立場(たちば) 입장 |

**031** **すら：~ 조차 (명사에만 접속)**

| 時間すら惜しむ | 시간조차 아깝다 |
| 子供すらわかる | 아이조차 안다 |
| 水すら飲めない | 물조차 마실 수 없다 |

**032** **のみ：~만, ~뿐**

| 難しさのみ | 어려움만 |
| 寂しさのみ | 쓸쓸함만 |
| 幸福のみ | 행복만 |

苦しいのみの人生　　　　　　　　괴로움뿐인 인생
ただ苦しいのみの人生はない　　　단지 괴로움뿐인 인생은 없다

**단어**

| | |
|---|---|
| 寂しさ(さびしさ) 쓸쓸함 | 幸福(こうふく) 행복 |
| 苦しい(くるしい) 괴롭다 | 人生(じんせい) 인생 |

## 033　~であれ：~이라도

男であれ女であれ　　　　　　　남자라도 여자라도
大統領であれ　　　　　　　　　대통령이라도
総理であれ　　　　　　　　　　총리라도

**단어**

| | |
|---|---|
| 男(おとこ) 남자 | 女(おんな) 여자 |
| 大統領(だいとうりょう) 대통령 | 総理(そうり) 총리 |

## 034　~ではあるまいし：~도 아니고, ~도 아닌데

子供ではあるまいし　　　　　　아이도 아니고
学生ではあるまいし　　　　　　학생도 아닌데

**단어**

| |
|---|
| 子供(こども) 아이 |

## 035　~でなくてなんだろう：~가 아니고 무엇인가

愛でなくてなんだろう　　　　　　사랑이 아니고 무엇인가
母の弁当はあなたにたいする愛でなくてなんだろう
어머니의 도시락은 당신에 대한 사랑이 아니고 무엇인가

**단어**

弁当(べんとう) 도시락

## 036 ~相(あい)まって : ~와(이, 가) 어울려

| | |
|---|---|
| これとこれが相まって | 이것과 이것이 어울려 |
| 意志と協力が相まって | 의지와 협력이 어우러져 |
| あなたとわたしが相まって | 당신과 내가 어우러져 |

## 037 ~というところだ : 정도이다

| | |
|---|---|
| パーテイの参加者は70名というところだ | 파티의 참가자는 70명 정도이다 |

**단어**

参加者(さんかしゃ) 참가자

## 038 ~とあって : ~라고 해서, ~라서(특별한 상황에서)

| | |
|---|---|
| 社長とあって | 사장이라고 해서 |
| スターがくるとあって | 스타가 온다고 해서 |
| 閉店セールとあって | 폐점세일이라고 해서 |
| このホテルは交通便が便利だとあって | 이 호텔은 교통편이 편리해서 |

**단어**

閉店(へいてん) 폐점　　　交通便(こうつうびん) 교통편

## 039 ~といい ~といい : ~도 ~도

| | |
|---|---|
| 壁といい床といい | 벽도 바닥도 |
| コーヒーといいコーラといい | 커피도 콜라도 좋다 |
| 手といい足といいきずだらけだ | 손도 발도 상처투성이다 |

## 040 | ~といえども：~라고 해도

· 문어체의 역접의 표현
· 뒤에는 당연히 예상되는 결과와 반대되는 내용을 나타내는 문장이 온다

**外国人といえどもこのくらいの仕事はできる**

외국인이라고 해도 이 정도 일은 할 수 있다

**多忙といえども運動を怠けてはいけない**　　다망해도 운동을 게을리 하면 안 된다

### 단어

| | |
|---|---|
| 多忙(たぼう) 다망 | 怠ける(なまける) 게으르다, 나태하다 |

## 041 | ~ときたら：~로 말할 것 같으면, ~로 말하자면

**うちの子ときたら**　　　　　　　　우리 아이로 말할 것 같으면
**わが社ときたら**　　　　　　　　　저희 회사로 말하자면

### 단어

| |
|---|
| わが社(わがしゃ) 우리(저희) 회사 |

## 042 | ところを：~한 중에, ~하는데

**お忙しいところを**　　　　　　　　바쁘신 와중에
**休暇のところを**　　　　　　　　　휴가 중에
**その試合はもう少しで終わるところを中止された**

그 시합은 조금만 더 있으면 끝나는데 중지되었다

### 단어

| | |
|---|---|
| 休暇(きゅうか) 휴가 | 中止(ちゅうし) 중지 |

**043** | **~とはいえ：~라고 해도**

幼いとはいえ                         어리다고해도

幼いとはいえほかの人の心がわっかている

어리다고 해도 다른 사람의 마음을 이해하고 있다

春とはいえ                           봄이라고 해도

春とはいえまだ寒い                 봄이지만 아직 춥다

> **단어**
>
> 幼い(おさない) 어리다

**044** | **なり(に)：나름(으로)**

わたしなりの考え                        내 나름의 생각

わが社なりのノウハウ               우리 회사 나름의 노하우

自分なりの考えをはっきり言った方がいい 자기 나름의 생각을 분명히 말하는 것이 좋다

**045** | **~はおろか：~은커녕, ~은(는) 고사하고**

貯金はおろか                          저금은커녕

勉強はおろか                          공부는커녕

スピーチはおろか                    스피치는커녕

漢字はおろか                          한자는커녕

**046** | **まみれ：~투성이**

泥まみれ                            진흙투성이

血だらけ                            피투성이

> **단어**
>
> 泥(どろ) 진흙                   血(ち) 피

## 047 | かたがた：~김에

| | |
|---|---|
| あいさつかたがた | 인사 김에 |
| 報告かたがた | 보고 김에 |
| 買い物かたがた | 쇼핑 김에 |

### 단어

報告(ほうこく) 보고

## 048 | かたわら：~하는 한편

| | |
|---|---|
| 仕事のかたわら | 일의 한편 |
| 勉強するかたわら | 공부하는 한편 |
| 報告するかたわら | 보고하는 한편 |

## 049 | ごとき(=~ような), ごとく(=~ように)：~같은, ~같이

| | |
|---|---|
| あなたごとき人 | 당신 같은 사람 |
| あなたごとく | 당신같이(처럼) |

### 단어

'~ように'와 '~ような'의 문어체 표현

## 050 | ずくめ：일색 (좋은 일, 나쁜 일, 색깔에 모두 사용 가능)

| | |
|---|---|
| 今日はいいことずくめ | 오늘은 좋은 일 일색 |
| 赤色ずくめの服 | 빨간색 일색의 옷 |

## 051 | たりとも：~일지라도, ~이라도

| | |
|---|---|
| 一分たりとも | 1분일지라도 |

100円たりとも無駄遣いはだめだ　　　　100엔이라도 낭비는 안 된다

**단어**

| 一分(いっぷん) 일분 | 無駄遣い(むだづかい) 함부로 쓰기, 낭비 |

## 052 なくしては：~없이는

あなたなくしては　　　　　　　　　　당신 없이는
この方なくしては契約の成立ができない　이 분 없이는 계약의 성립이 안 된다

**단어**

| 方(かた) 분 | 契約(けいやく) 계약 | 成立(せいりつ) 성립 |

## 053 なしに：～없이

ノックなしに　　　　　　　　　　　　노크 없이
返事なしに　　　　　　　　　　　　　답장(대답) 없이

**단어**

| 返事(へんじ) 답장, 대답, 반응 |

## 054 ならでは：~만의

お母さんならではの味　　　　　　　　어머니만의 맛
この会社ならではのノウハウ　　　　　이 회사만의 노하우

## 055 ~なり~なり：~든 ~든

コーヒーなり緑茶なり　　　　　　　　커피든 녹차든
コーヒーなり緑茶なりお好きなものを　커피든 녹차든 좋아하시는 것을(드세요)
行くなり来るなり　　　　　　　　　　가든 오든

ごはんを食べるなり映画を見るなり　　밥을 먹든 영화를 보든

**단 어**

緑茶(りょくちゃ) 녹차

## 056 | めく：~답게, ~스럽게

春めく　　　　　　　　　　　　봄답게
だんだん春めいてくる　　　　　점점 봄다워지다
おとなめく　　　　　　　　　　어른답게(어른스럽게)
だんだんおとなめいて行く　　　점점 어른스러워져 가다

## 057 | ~もさることながら：~도 물론이고(물론이거니와)

これもさることながら　　　　　이것도 물론이고
子供ももさることながら　　　　아이도 물론이거니와
あなたもさることながら　　　　당신도 물론이거니와(물론이고)

## 058 | いたり：지극히 ~하다(정도가 매우 심한 느낌을 표현)

光栄のいたりでございます　　　매우 영광입니다(관용구로 암기)
若さのいたりでそんな行動をした　젊은 혈기로 그런 행동을 했다

**단 어**

光栄(こうえい) 영광　　　　　行動(こうどう) 행동

## 059 | きわみ：~의 극치, 더없이 ~하다(정도가 한계에 달했을 때 쓰는 표현)

疲れのきわみ　　　　　　　　　피로의 극치
恐れのきわみ　　　　　　　　　죄송함의 극치

**단어**

恐れ(おそれ) 죄송함

---

**060** | あって : ~가 있어서, ~있음으로

| | |
|---|---|
| あなたあってのわたし | 당신이 있어서 나 |
| お客あってのこの店 | 손님이 있음으로 이 가게 |

**단어**

お客(おきゃく) 손님

---

**061** | しまつだ : 꼴이다(부정적 이미지)

| | |
|---|---|
| このしまつだ | 이 꼴이다 |
| 努力したのにこのしまつだ | 노력했는데 이 꼴이다 |
| そんなしまつでどこへ行くの? | 그런 몰골로 어디를 가는 거야? |

## 의지형 접속

**062** | ~ようが, ~ようと : ~해도

| | |
|---|---|
| 反対しようが | 반대해도 |
| いくら反対しようと | 아무리 반대해도 |
| 親がいくら反対しようが | 부모가 아무리 반대해도 |

**단어**

反対(はんたい) 반대

## 063 | ~ようにも ~ない : ~하려 해도 ~할 수 없다

| | |
|---|---|
| 行こうにも行けない | 가려 해도 갈 수가 없다 |
| 食べようにも食べられない | 먹으려 해도 먹을 수 없다 |

ごはんを食べようにもお金がなくて食べられません

밥을 먹으려 해도 돈이 없어서 먹을 수 없습니다

## 064 | ~ようが ~まいが(~ようと ~まいと) : ~든 ~하지 않든

| | |
|---|---|
| 参加しようがするまいが | 참가하든 하지 않든 |
| 行こうが行くまいが | 가든 가지 않든 |
| 降ろうが降るまいが | (비가) 내리든 내리지 않든 |

**단어**

参加(さんか) 참가

# 동사원형 접속

## 065 | ~が早いか : ~하자마자

| | |
|---|---|
| 着くが早いか | 도착하자마자 |
| 食べるが早いか | 먹자마자 |
| 勉強するが早いか | 공부하자마자 |

## 066 | そばから : ~하자마자(뒤에 부정적 의미가 옴)

| | |
|---|---|
| 覚えるそばから | 외우자마자 |
| 単語を覚えるそばから | 단어를 외우자마자 |
| 部屋を片付けるそばから子供が散らかす | 방을 치우자마자 아이가 어지른다 |

단어

単語(たんご) 단어　　　　　片付ける(かたづける) 정리하다　　散らかす(ちらかす) 어지르다

---

**067** | **~なり：~하자마자**

| | |
|---|---|
| 食べるなり | 먹자마자 |
| 行くなり | 가자마자 |
| 来るなり | 오자마자 |

---

**068** | **~や否(いな)や：~하자마자(동시에 일어나는 일)**

| | |
|---|---|
| 来るや否や | 오자마자 |
| 行くや否や | 가자마자 |
| 食べるや否や | 먹자마자 |

---

**069** | **べからざる：~해서는 안 되는(안 된다)**

| | |
|---|---|
| 欠すべからざる人物 | 없어서는 안 되는 인물 |
| 入いるべからざるところ | 들어가서는 안 되는 곳 |

---

**070** | **べからず：안 된다(금지)**

| | |
|---|---|
| 入いるべからず | 들어가면 안 된다 |
| やるべからず | 하면 안 된다 |
| この湖で魚をとるべからず | 이 호수에서 물고기를 잡으면 안 된다 |

---

단어

湖(みずうみ) 호수

# 시험에 자주 출제되는 주요 구문

## 071 | ます형＋がてら：~김에

| | |
|---|---|
| 散歩しがてら | 산책하는 김에 |
| 買い物しがてら | 쇼핑하는 김에 |
| 図書館に勉強しに行きがてら | 도서관에 공부하러 가는 김에 |

## 072 | ます형＋っ放(ぱな)し：~한 채

| | |
|---|---|
| みずを出しっ放し | 물을 튼 채 |
| ごはんをいれっぱなしに | 밥을 (입에) 넣은 채로 |

## 073 | ます형＋ながらも：~이지만

| | |
|---|---|
| 狭いながらも | 좁지만 |
| 貧しいながらも | 가난하지만 |
| 苦難がありながらも | 고난이 있지만 |
| 言いにくいと言いながらも | 말하기 어렵다고 말하지만(말하면서도) |

### 단어

貧しい(まずしい) 가난하다

## 074 | 과거형＋ところで：~한들, ~해 봤자

| | |
|---|---|
| いま出発したところで | 지금 출발해 봤자 |
| いま出発したところで間に合えない | 지금 출발해 봤자 시간에 맞출 수 없다 |
| いま行ったところでだれもいない | 지금 가 봤자 아무도 없다 |

### 단어

出発(しゅっぱつ) 출발

**075**　~とあれば : ~되면, ~하면(특별한 상황)

| | |
|---|---|
| 春とあれば | 봄이 되면 |
| お客とあれば | 손님이 오면 |
| 日本からお客とあれば | 일본에서 손님이 오면 |

**076**　~てからというもの : ~하고 나서 줄곧

| | |
|---|---|
| 生まれてからというもの | 태어나서 줄곧 |
| 入ってからというもの | 들어오고 나서 줄곧 |

**단어**

生まれる(うまれる) 태어나다

**077**　~と思いきや : ~라고 생각했는데(문어체 : 뒤에 반전이 일어남)

| | |
|---|---|
| できると思いきや | 가능하다고 생각했는데 |
| 来たと思いきゃ | 왔다고 생각했더니 |
| やれると思いきや | 할 수 있다고 생각했는데 |

**078**　ことだし : ~하고, ~하니까

· 정중한 회화 표현. 판단, 결정의 이유나 근거가 되는 상황을 말할 때 사용

| | |
|---|---|
| 友だちも行くことだし | 친구도 가니까(가고) |
| かぜもひいたことだし | 감기도 걸렸고 |
| 先生も応援してくれることだし | 선생님도 응원해 주니까 |

**단어**

応援(おうえん) 응원

## 079 명령형＋とばかりに : ~라는 듯이

| | |
|---|---|
| 帰れとばかりに | 돌아가라는 듯이 |
| 行けとばかりに | 가라는 듯이 |
| もう話したくないとばかりに | 더 이상 이야기하고 싶지 않다는 듯이 |

## 080 원형＋までもない : ~할 것까지는(필요) 없다

| | |
|---|---|
| 空港に行くまでもない | 공항에 갈 것까지는 없다 |
| そこまで迎えに行くまでもない | 그곳까지 마중하러 갈 필요는 없다 |
| 全部食べるまでもない | 전부 먹을 것까지 없다 |
| あなたまで来るまでもない | 당신까지 올 필요는 없다 |

### 단 어

空港(くうこう) 공항

## 081 ゆえに : ~때문에(문어체)

| | |
|---|---|
| 証拠があるゆえに | 증거가 있기 때문에 |
| 貧しさのゆえに | 가난 때문에 |

### 단 어

証拠(しょうこ) 증거　　　　貧しさ(まずしさ) 가난, 빈곤

## 082 ことなしに : ~하지 않고는, ~없이는

| | |
|---|---|
| 親の許可をとることなしに | 부모님의 허가를 얻지 않고는 |
| 承諾のサインことなしに | 승낙의 사인 없이는 |

### 단 어

許可(きょか) 허가　　　　承諾(しょうだく) 승낙

## 083　なしに：~없이

ノックなしに私の部屋に入らないでください
노크 없이 내 방에 들어오지 말아주세요

内容の整理なしに発表できない　　　　　　　内용의 정리 없이 발표할 수 없다

**단 어**

部屋(へや)방　　　　　　　　　　　　　　　内容(ないよう)내용
整理(せいり)정리　　　　　　　　　　　　　発表(はっぴょう)발표

## 084　~といったらない：매우 ~하다

汚いといったらない　　　　　　　　　　매우 더럽다
美しいといったらない　　　　　　　　　　매우 아름답다

**단 어**

汚い(きたない)더럽다　　　　美しい(うつくしい)아름답다

## 085　과거형＋ものを：~했을 것을, ~했을 텐데(후회)

行ったらよかったものを　　　　　　　　갔으면 좋았을 것을
食べてみたらよかったものを　　　　　　　먹어 보았으면 좋았을 것을
若いうちに外国語を勉強しておいたらよかったものを
젊은 동안 외국어를 공부해 두었으면 좋았을 텐데

## 086　과거형＋が最後(さいご)：~하기만 하면 (끝이 없다, 끝이다)

話を始めたが最後　　　　　　　　　　이야기를 시작하기만 하면 끝이 없다
勉強したが最後　　　　　　　　　　　공부를 하면 끝이 없다
マイクを握ったが最後　　　　　　　　마이크를 잡기만 하면 끝이다(놓지 않는다)

단어

| | |
|---|---|
| 最後(さいご) 마지막, 최후, 끝 | 握る(にぎる) 쥐다, 잡다 |

## 087 がいもなく：보람도 없이

| | |
|---|---|
| 行ったがいもなく | 간 보람도 없이 |
| 練習のがいもなく | 연습의 보람도 없이 |
| 手術のがいもなく | 수술의 보람도 없이 |

단어

| | |
|---|---|
| 練習(れんしゅう) 연습 | 手術(しゅじゅつ) 수술 |

## 088 ます형＋つ ~ます형＋つ：~하고 ~하며

| | |
|---|---|
| 行きつ戻りつ | 갔다 왔다 |
| 追いつ追われつ | 쫓고 쫓기며 |
| 押しつ押されつ | 밀고 밀리며 |
| 電車の中のひとは押しつ押されつ | 전차 안의 사람들은 밀고 밀리며 |

단어

| | | |
|---|---|---|
| 戻る(もどる) 돌아가다 | 追う(おう) 쫓다 | 押す(おす) 밀다, 누르다 |

## 089 ~ずじまい：~하지 못한 채

| | |
|---|---|
| 行かずじまい | 가지 못한 채 |
| 行かずじまいで終わった | 가지 못한 채 끝났다 |
| 忙しすぎてやらずじまいで終わった | 너무 바빠서 다 못한 채로 끝났다 |

忙しすぎてごはんも食べずじまいで終わった

너무 바빠서 밥도 먹지 못한 채 끝났다

## 090 ~ながらに : ~인 채로, ~인 상태로(관용적 쓰임)

| | |
|---|---|
| 涙ながらに | 눈물 채로 |
| 昔ながらに | 옛날 그대로 |
| 生まれながらに | 태어나면서부터, 선천적으로 |

### 단어

| | | |
|---|---|---|
| 涙(なみだ) 눈물 | 昔(むかし) 옛날, 예전 | 生まれ(うまれ) 태어남, 출생 |

## 091 ないまでも : ~하지 않더라도

| | |
|---|---|
| 毎日しないまでも | 매일 하지 않더라도 |
| 会議に出席しないまでも | 회의에 출석하지 않더라도 |
| 犯人だと言わないまでも | 범인이라고 말하지 않더라도 |

### 단어

| | |
|---|---|
| 毎日(まいにち) 매일 | 会議(かいぎ) 회의 |
| 出席(しゅっせき) 출석 | 犯人(はんにん) 범인 |

## 092 ないものでもない : ~하지 않는 것은 아니다

· 확신하지 않지만 ~일지 모른다는 소극적인 기분을 나타내는 표현

| | |
|---|---|
| 会えないものでもない | 만날 수 없는 것은 아니다 |
| できないものでもない | 불가능한 것도 아니다 |
| 時間に間に合わないものでもない | 시간에 맞추지 못할 것도 없다 |

## 093 なくして : ~없이

| | |
|---|---|
| 協力なくして | 협력 없이 |
| 人々の信頼なくしては | 사람들의 신뢰 없이는 |

人々の信頼なくしてプロジェクトは完成できない
사람들의 신뢰 없이 프로젝트는 완성할 수 없다

教授のご指導なくしては                    교수의 지도 없이는

教授のご指導なくして論文は完成できない    교수의 지도 없이 논문은 완성할 수 없다

**단어**

| | |
|---|---|
| 信頼(しんらい) 신뢰 | 完成(かんせい) 완성 |
| 教授(きょうじゅ) 교수 | 指導(しどう) 지도 |

---

**094** | **ないではすまない : ~하지 않고는 끝나지 않는다**

誤らないではすまない              사죄하지 않고는 끝나지 않는다

頭をさげないではすまない          머리를 숙이지 않으면 안 끝난다

**단어**

| | |
|---|---|
| 誤る(あやまる) 사죄하다 | 頭(あたま)をさげる 머리를 숙이다 |

---

**095** | **~ば(가정형)＋それまでだ : ~하면 그뿐이다**

別ればそれまでだ              헤어지면 그뿐이다

言えばそれまでだ              말하면 그뿐이다

退職すればそれまでだ          퇴직하면 그뿐이다

**단어**

| | |
|---|---|
| 別れる(わかれる) 이별하다, 헤어지다 | 退職(たいしょく) 퇴직 |

---

**096** | **~ば(가정형)＋こそ : ~하기 때문에 (원인, 이유를 강조하는 표현)**

おやを考えればこそ            부모를 생각하면

私の将来を考えればこそ        나의 장래를 생각하기 때문에

チーム全員の協力があればこそ  팀 전원의 협력이 있기 때문에

忙しいところがあればこそ時間を有効に使えるかもしれない
바쁜 때가 있기 때문에 시간을 유효하게 사용할 수 있는지 모른다

健康であればこそ 　　　　　　　　　　　　건강하기 때문이야말로

先生であればこそ 　　　　　　　　　　　　선생님이기 때문이야말로

---

**단어**

| 将来(しょうらい) 장래 | 有効(ゆうこう) 유효 |
|---|---|

---

## 097 | べく：위해서

会うべく 　　　　　　　　　　　　　　만나기 위해서

先生に会うべく 　　　　　　　　　　　　선생님을 만나기 위해서

日本語を習うべく 　　　　　　　　　　　일본어를 배우기 위해서

借金を返すべく 　　　　　　　　　　　　빚을 갚기 위해서

---

**단어**

| 借金(しゃっきん) 빚 | 返(かえす) 갚다, 돌려주다 |
|---|---|

---

## 098 | まじき：~해서는 안 되는, ~할 수 없는

許すまじきのことだ 　　　　　　　　　　용서해서는 안 되는 일이다

あるまじき行為 　　　　　　　　　　　　있을 수 없는 행위

人間にとってあるまじき行為だ 　　　　　인간으로서 해서 안 되는 행위이다

---

**단어**

| 行為(こうい) 행위 |
|---|

---

## 099 | ~とは：~하다니

こんな失敗をしたとは 　　　　　　　　　이런 실패를 하다니

こんなに安いとは 　　　　　　　　　　　이렇게 싸다니

200円とは超安い            200엔이라니 아주 싸다

**단어**

| | | |
|---|---|---|
| 失敗(しっぱい) 실패 | 安い(やすい) 싸다 | 超(ちょう) 초, 아주, 매우 |

## 100 | までだ：~뿐이다

| | |
|---|---|
| 待つまでだ | 기다릴 뿐이다 |
| 食べているまでだ | 먹고 있을 뿐이다 |
| 泣いているまでだ | 울고 있을 뿐이다 |

## 101 | ひとり ~のみならず：단지 ~뿐(만) 아니라

| | |
|---|---|
| ひとりその問題のみならず | 단지 그 문제뿐 아니라 |
| たばこはひとり本人の問題のみならず | 담배는 단지 본인의 문제뿐 아니라 |

この事件はひとりこの国の問題のみならず全世界の問題でもある

이 사건은 단지 이 나라의 문제만이 아니라 전 세계의 문제이기도 하다

**단어**

| | | |
|---|---|---|
| 国(くに) 나라 | 事件(じけん) 사건 | 全世界(ぜんせかい) 전 세계 |

## 102 | ~てもさしつかえない：~해도 장애가 없다, ~해도 괜찮다

| | |
|---|---|
| 散歩をしてもさしつかえない | 산책을 해도 괜찮다 |

無理にならないように運動してもさしつかえない

무리가 안 되도록 운동해도 지장이 없다

1時間ぐらいは風呂に入ってもさしつかえない

1시간 정도는 목욕을 해도 지장이 없다

## 103 | ~んがために : ~하기 위해서

| | |
|---|---|
| 試験に合格せんがために | 시험에 합격하기 위해서 |
| 夢を実現せんがために | 꿈을 실현하기 위해서 |
| 試合に勝たんがために | 시합에 이기기 위해서 |
| 事実を言わんがために | 사실을 말하기 위해서 |

**단어**

| | |
|---|---|
| 試験(しけん) 시험 | 合格(ごうかく) 합격 |
| 夢(ゆめ) 꿈 | 実現(じつげん) 실현 |
| 試合(しあい) 시합 | 勝つ(かつ) 이기다 |

## 104 | だけましだ : ~만으로 다행이다

· 완전히 좋다고 말할 수 없지만 다른 것보다는 이것이 좋다. 더 심하지 않아 다행이라는 화자의 기분을 표현

| | |
|---|---|
| 無事なだけましだ | 무사한 것만으로 다행이다 |
| せきが出ないだけましだ | 기침이 나오지 않는 것만으로 다행이다 |
| 静かなだけましだ | 조용한 것만으로 다행이다 |

**단어**

| | |
|---|---|
| 無事(ぶじ) 무사 | せき 기침 |

## 105 | ~ようものなら : ~하면, ~한다면

５分でも遅刻しようものなら先生に叱られる

5분이라도 지각을 하면 선생님에게 혼난다

**단어**

| | |
|---|---|
| 遅刻(ちこく) 지각 | 叱られる(しかられる : 叱る의 수동형) 혼나다 |

## 106 ~てしかるべきだ : ~해야 마땅하다

| | |
|---|---|
| 再検討をしてしかるべきだ | 재검토해야 마땅하다 |
| 感謝してしかるべきだ | 감사해야 마땅하다 |
| 措置がとられてしかるべきだ | 조치가 취해져야 마땅하다 |

### 단어

| | | |
|---|---|---|
| 再検討(さいけんとう) 재검토 | 感謝(かんしゃ) 감사 | 措置(そち) 조치 |

## 107 ともなく・ともなしに : 아무런 생각 없이, 무심코

| | |
|---|---|
| 音楽を聞くともなく | 음악을 무심코 듣고 있었다 |
| 外を見るともなく | 밖을 무심코 보고 있었더니 |
| レストランで食べるともなしに | 레스토랑에서 무심코 먹고 있자니 |

## 108 ~にかこつけて : ~을 핑계로

| | |
|---|---|
| 仕事にかこつけて | 일을 핑계로 |
| かれはいつもなんかをかこつけて | 그는 항상 뭔가를 핑계로 |
| 病気をかこつけて | 병을 핑계로 |
| かぜをかこつけて | 감기를 핑계로 |

## 109 ~にとどまらず : ~에 그치지 않고

| | |
|---|---|
| 日本ににとどまらず | 일본에 그치지 않고 |
| 国内にとどまらず | 국내에 그치지 않고 |
| 大都市にとどまらず | 대도시에 그치지 않고 |

### 단어

| | |
|---|---|
| 国内(こくない) 국내 | 大都市(だいとし) 대도시 |

## 110 　과거형＋てまえ : ~한 이상

出席すると言ったてまえ　　　　　　출석한다고 말한 이상

休暇をとると言ったてまえ　　　　　휴가를 가기로 말한 이상

お客さまのてまえ　　　　　　　　　손님의 체면(상)

### 단어

出席(しゅっせき) 출석　　　　休暇(きゅうか) 휴가

## 111 　~ば(가정형)＋きりがない : ~하면 끝이 없다

不満を言えばきりがない　　　　　　불만을 말하면 끝이 없다

短所をあげればきりがない　　　　　단점을 들자면 끝이 없다

悲しんでばかりいればきりがない　　슬퍼하고만 있으면 끝이 없다

### 단어

不満(ふまん) 불만　　　　短所(たんしょ) 단점　　　　悲しむ(かなしむ) 슬퍼하다

## 112 　~もかえりみず : ~도 돌보지 않고

自分の命もかえりみず　　　　　　　자신의 목숨도 돌보지 않고

あの医者は自分の命もかえりみず患者を治す

저 의사는 자신의 목숨도 돌보지 않고 환자를 치료한다

ほかの人の迷惑もかえりみず　　　　다른 사람의 민폐도 개의치 않고

### 단어

命(いのち) 목숨　　　　　　　　　　患者(かんじゃ) 환자

治す(なおす) 치료하다, 고치다　　　迷惑(めいわく) 민폐, 폐

## 113　ならいざしらず：~라면 모를까

· A라면 모르지만 B라면 당연히 그렇게 해야 한다

| | |
|---|---|
| 新入社員ならいざしらず | 신입사원이라면 모를까 |
| 主婦ならいざしらず | 주부라면 모를까 |
| 学生ならいざしらず | 학생이라면 모를까 |

### 단어

新入社員(しんにゅうしゃいん) 신입사원

## 114　べくもない：~할 방도가 없다, ~할 여지도 없다

| | |
|---|---|
| 会社にこれを求めるべくもない | 회사에 이것을 요구할 방도가 없다 |
| そのひとにこの仕事をさせるべくもない | 그 사람에게 이 일을 시킬 방도가 없다 |
| 手にいれるべくもない | 손에 넣을 방도가 없다 |

## 115　~て + はばからない(はばかるの 부정형)：거리낌 없이 ~하다

| | |
|---|---|
| 言ってはばからない | 거리낌 없이 말하다 |
| 断言してはばからない | 거리낌 없이 단언하다 |
| 主張してはばからない | 거리낌 없이 주장하다 |

### 단어

はばかる 꺼리다, 사양하다　　　断言(だんげん) 단언　　　主張(しゅちょう) 주장

## 116　~て + まで：~하면서까지

| | |
|---|---|
| 仕事をやすんでまで | 일을 쉬면서까지 |
| ごはんをぬいてまで | 밥을 거르면서까지 |
| 借金をしてまで | 빚을 내면서까지 |
| 欠席してまで | 결석하면서까지 |

단어

借金(しゃっきん) 빚　　　　　　　欠席(けっせき) 결석

## 117　~ても(でも)＋もともとだ : ~해도 본전이다

| | |
|---|---|
| だめでももともとだ | 밑져야 본전이다 |
| 負けてももともとだ | 져도 본전치기다 |
| この試合で負けてももともとだ | 이 시합에서 져도 본전이다 |
| 失敗してももともとだ | 실패해도 본전이다 |

단어

失敗(しっぱい) 실패

## 118　~というもの : ~동안 줄곧

| | |
|---|---|
| 一ヶ月というもの | 1개월 동안 줄곧 |
| 日本に来てからというもの | 일본에 오고 나서 줄곧 |

## 119　ところだった : ~할 뻔했다

| | |
|---|---|
| 間に合えないところだった | 시간에 맞추지 못할 뻔했다 |
| 遅れるところだった | 늦을 뻔했다 |
| 飛行機の時間に遅れるところだった | 비행기 시간에 늦을 뻔했다 |
| 自動車にぶつかるところだった | 자동차에 부딪힐 뻔했다 |

## 120　~を踏(ふ)まえて : ~에 입각하여

| | |
|---|---|
| 自身の実力をふまえて | 자신의 실력에 입각하여 |
| 試験の点数をふまえて | 시험 점수에 입각하여 |
| 現在の状況をふまえて | 현재 상황에 입각하여 |
| 前の会議の内容をふまえて | 지난 회의의 내용에 입각하여 |

| 実力(じつりょく) 실력 | 点数(てんすう) 점수 | 状況(じょうきょう) 상황 |
|---|---|---|

## 횬쌤의 일본어 핵심패턴 정복

초판 1쇄 발행　2020년 9월 10일
초판 2쇄 발행　2025년 1월 15일

지 은 이　　김현정
펴 낸 이　　한승수
펴 낸 곳　　문예춘추사

편　　집　　이소라
마 케 팅　　박건원
디 자 인　　박소윤

등록번호　　제300-1994-16
등록일자　　1994년 1월 24일
주　　소　　서울특별시 마포구 동교로 27길 53, 309호
전　　화　　02 338 0084
팩　　스　　02 338 0087
메　　일　　moonchusa@naver,com
I S B N　　978-89-7604-425-9 13730